JN188169

Sacré-Cœur

La Villette

MONTMARTRE   Gare du Nord

Gare de l'Est

Parc des
Buttes-Chaumont

Canal St-Martin

usée du
ouvre

Forum
des Halles

Place de la République

Centre
Georges Pompidou

Notre-Dame

Cimetière du
Père-Lachaise

Ile de la Cité

QUARTIER
DU MARAIS

in-des-Prés

Bd. St-Germain   Ile St-Louis   Bd. Henri IV

Sorbonne

Opéra
Bastille

Bd. Diderot

Place de la Nation

ourg

Panthéon

Institut du
Monde Arabe

Gare de Lyon

QUARTIER LATIN

Jardin des Plantes   Ministère des Finances

. du Montparnasse

Gare
d'Austerlitz

Palais Omnisport
de Paris-Bercy

SE

Place d'Italie

Bibliothèque Nationale

Bois de Vincennes

Parc Montsouris

Seine

rsitaire

Bon séjour !

Mirei Seki
Nicolas Dassonville
Hiroshi Nakao

BON SÉJOUR
EN FRANCE

SURUGADAI-SHUPPANSHA

音声について

本書の音声は，下記サイトより無料でダウンロード，
およびストリーミングでお聴きいただけます．

https://stream.e-surugadai.com/books/isbn978-4-411-01148-0/

弊社 HP から『ボン・セジュール！』を検索し，「音声無料ダウンロード＆ストリーミン
グ専用サイトはこちら」からも同ページにアクセスできます．

．．．

＊ご注意

- PC からでも，iPhone や Android のスマートフォンからでも音声を再生いただけます．
- 音声は何度でもダウンロード・再生いただくことができます．
- 当音声ファイルのデータにかかる著作権・その他の権利は駿河台出版社に帰属します．
  無断での複製・公衆送信・転載は禁止されています．

録音：	Léna Giunta, Sylvain Detey
イラスト：	前　英里子
写真：	Nicolas Dassonville, Sylvie Blanvillain, 関　未玲
装幀・デザイン：	小熊未央

まえがき

　『ボン・セジュール！』は，フランス留学に向けて実践的なフランス語力のブラッシュアップを目指す中級学習者を対象とした教科書です．既習の文法事項を復習しながら，留学時のモデル会話を練習することで，具体的なフランス滞在をイメージしながら留学の準備ができることでしょう．全20課で構成され，各課にモデル会話，語彙，文法説明，動詞活用，コラム，練習問題が配され，文法の基礎固めをしながら留学で必要となるフランス語力を身につけることができます．モデル会話ではホストファミリーとの出会いや日常生活，通学，授業，学食，病気，盗難被害，ホームパーティー，日本文化紹介，修了式，帰国，別れなどさまざまな場面を想定した実践的な会話が用意されています．著者が短期留学の引率をした際に実際に見聞きした会話をもとに作成されているため，留学時に役立つことは間違いありません．また動詞活用のページは，参加学生の声を反映させて各課に盛り込むことにしました．留学前にはとかくテスト対策向けに丸暗記をしていた動詞の活用も，留学時には瞬時に使い分ける必要があります．基礎動詞の活用を留学前からきちんと覚えておくと，より積極的に現地でコミュニケーションがとれることと思います．日本と異なる価値観，風土，歴史をもつフランス留学は，新たな世界を皆さんに開いてくれることでしょう．フランスの豊かさ，フランス人の優しさなど，現地に行かないと知り得ないことがたくさんあります．異国との出会いは，皆さんの人生を深くまた色濃いものにしてくれます．ぜひ，本書でしっかりとフランス語を学習して，充実した留学を経験してきてください！ Bon séjour en France !

著者一同

❧ Table des matières ❧

La préparation
留学準備

・フランス全般について
Informations générales sur la France

ここではフランスの基本情報に触れることで，留学に必要な知識について学びたいと思います．

フランス

1 フランスは西ヨーロッパに位置する国で，フランスのほぼ全土が北海道よりも北に位置します．そのため夏と冬の日照時間に大きな開きがあり，夏は夜遅くまで明るく，冬は午前8時でも暗いです．北西部は大西洋に面した海洋性気候，内陸は大陸性気候，南部は地中海に面しており，地中海性気候となっています．日本と比べで緯度が高いため，平均気温は日本よりも低いので，留学時には暖かな衣服を持っていくほうがいいでしょう．フランス本土の面積は日本のおよそ1.5倍にあたり，西欧諸国のなかでは一番広大な面積を持ち，多様な気候によってさまざまな食文化が育まれ，現在のような世界に名だたるフランス料理へと発展していったと言われています．山間部の多い日本とは異なり，平野に恵まれているので酪農や農業も盛んで，農業大国の一面も持ち合わせています．フランスの食料自給率は100%を越えており，小麦やワインなどを輸出しています．エビアン，ボルヴィックなどの飲料水メーカーの名前を見かけた人も多いでしょう．エビアンは日本の水に比べて硬度が高いと言われていますが，これは山間部が多く，雨水が傾斜を一気に抜けてゆく日本のミネラル・ウォーターとは異なり，傾斜の緩やかな台地を時間をかけて流れ，大地のミネラルをたっぷり吸収するからです．

2 フランス語にも方言があり，パリで話されるフランス語と南仏やシャンパーニュ地方で話されるフランス語には違いがあります．カナダやスイスで話されるフランス語にも独特のイントネーションや表現があります．しかし，日本で一般的に教授されているパリを中心としたフランス語の発音や文法で，様々なフランス語の方言の大半は理解できます．その

他，フランス国内ではフランス語とは言語の起源が異なるブルトン語，アルザス語，バスク語なども話されています．

3 電圧が日本とは異なるため，かつては変圧器を持参する必要がありましたが，現在ではどのような電圧でも対応できる電源アダプターが一般的になってきたので，変圧器を用意する必要は少なくなりました．しかしプラグの型が日本とは異なるため，対応したプラグを持って行く必要があります．また携帯電話も，日本の携帯をそのまま使用すると，高額になってしまいますので，SIMカード等を購入して，フランスで入れ替える必要があります．1週間程度の短期滞在であれば，海外で利用しても料金が定額となるサービスも便利です．日本の携帯をそのまま利用することができますが，データ容量などの制限があります．SIMカードを購入する以外にも，Wi-Fiルーターを日本でレンタルしていけば，フランス国内のデータ通信が定額で利用できます．しかし音声通話は国際通話になってしまいます．SIMカードを購入して入れ替えた場合は，音声通話の番号がフランスの番号になるため，フランス国内で連絡を取り合う場合は安く利用できます．Wi-Fiルーターの場合は音声通話が日本の電話番号のままなので，フランスからフランス国内に電話をかけても，

国際通話料金になるため注意が必要です．LINEなどのアプリによるビデオ通話であれば，安く利用できます．フランスではWhatsAppというアプリケーションが近年では一般的で，日本のLINEのように使うことができます．ただしLINEとWhatsAppの間では通話ができません．フランスでは私達がWhatsAppを利用すれば，ホストファミリーと廉価で手軽に連絡を取ることができて便利です．

4 大都市では治安が良いとは言えませんが，地方都市は比較的安全です．都市部では盗難被害も多く，パリに留学する人はとりわけ地下鉄やRERなどの公共交通機関を利用する場合には気をつける必要があります．パリの地下鉄には，車両間の移動ができない旧式の電

車もあります．いかにも怪しい集団に取り囲まれたと気づいていても，次の駅に着くまで逃げられないのです．わかってはいたのにカバンから財布をすられたという事例が山ほどあります．またATMで現金を引き出そうとした際に，背後から暗証番号を盗み見られてしまったり，情報

をスキミングされた例もあります．このような場合は，すぐにクレジット会社に電話をして，カードの利用を止める必要があります．盗難も，財布ごと盗まれた場合は保険会社に申告できますが，現金のみを盗まれた場合は申告できないこともありますので，事前にどのような保証があるのか，確認しておきましょう．また保険会社によっては，フランスの警察署で発行された盗難被害届の提出が求められます．

5 海外での罹患は心細いものです．緊張や疲れがたまるでしょうから，さらに不安になってしまいます．日本から常備薬等をあらかじめ持参すれば，一時的な病気には対応できます．しかしインフルエンザや怪我など，フランスで病院に行く必要も出てくるかもしれま

せん．渡仏前には，インフルエンザのワクチンを接種することをお勧めします．万が一インフルエンザに罹患した場合，症状によっては飛行機に乗ることができない場合もあります（病気によるフライトの変更は，航空会社が対応してくれる場合や，保険でカバーできる場合もあります）．フランスの医療事情は，日本よりも複雑です．基本的にフランスでは，一人一人かかりつけ医師がいて，何かあれば担当医にまずは診察してもらう必要があります．この医師の判断により，症状が重い場合は大きな総合病院へ紹介してもらうというシステムをとっています．留学生が病院にかかる場合は，日本の保険会社と特別に契約した病院または臨時医師（日本人医師もいます）へかかるか，あるいは救急対応の形でフランスの病院で順番を待って診てもらうようになります．パリなどの大都市には，日本の保険会社と契約を結んだ医療機関もあり，比較的スムーズに診察してもらえますが，パリ以外の地域では，医師不足からフランス人自身も予約がとりづらいこともあり，自宅で休養して自力で治す人も多いです．ここ数年フランスでインフルエンザが流行したこともあり，インフルエンザの診断検査もできるようになりましたが，日本のように簡易キットですぐに診断してもらうのは，まず不可能と考えたほうがいいでしょう．病気になったら，基本的にゆっくり休養して快方に向かうのを待つほかありません．ホームステイの場合も，日本の手厚い看護を期待することはできません．日本とフランスでは体温の計測方法が異なるため，日本だと高熱とみなされるような体温でも，心配すらされないこともあります．発熱した場合は，水分を摂り，部屋の窓を開けてよく換気をし，野菜をペースト状になるまで煮込んだものやヨーグルトを食べて，よく寝る，というのがフランス式です．逆に，

小さい子どものいる家族を除けば，たとえ皆さんが体調不良になっても，うつされて困るという身振りや態度をされることはなく，部屋から出ないようにと隔離されることもなく，普段どおり接してくれます.

6 ホームステイを予定している人は，金銭的な面でホストファミリーに頼るという発想は日本的だと考えていいでしょう．宿泊費を払っているのだから，つい外出先でもご馳走してくれるのではないか，と期待してしまうかもしれません．しかし宿泊費として支払ったお金はあくまで宿泊費です．契約以外に含まれる経費は，ホストのご厚意であり，過剰にこれに甘えて期待する態度というのはよくありません．毎晩長時間ドライヤーを使ったり，不必要に電気をつけっぱなしにしていたり，学食のお昼代を節約しようとホスト宅にある食べ物を持っていったり，風呂で水を使いすぎたりしてはいけません．ときに外食をして，ご馳走してくれることもあるかもしれませんが，学生なのだからおごってもらって当然という態度は慎みましょう．アルバイト代を自力で貯金して，カツカツの状況で留学される人もいるでしょう．皆さんはそれでも「フランスに留学することができるほど金銭的に余裕のある学生」と，周囲からは思われているのです．お金を持っていることが良い，あるいはお金を持っていないことが悪いという二元論ではなく，留学時にはプラス2万円の余裕をもって留学してもらえればと思います．ホストに映画に誘われたときには，映画代を自己負担できるよう，ホストに喜んでもらいたいときには，日本食の材料を購入して振るまえるよう，ホストファミリーの子どもにちょっとしたおもちゃが購入できるよう，そしてカフェで1杯のコーヒーを飲める心の余裕が持てるよう，あらかじめプラスアルファのお金を準備してほしいと思います．けっして高くはない留学ですが，留学先でお金がないということほど困ることはありません．留学費用を計算するときは，必ずプラス2万円の心積もりをして，気持ちにも懐にも余裕を持って，さあ，フランスに出発しましょう！

LEÇON 1

Les rencontres
出会い

・代名動詞現在
Les verbes pronominaux au présent

003
Conversation modèle

Masaki rencontre Irène Dumont à l'aéroport.

Mme Dumont : Excusez-moi... C'est bien vous, Masaki ?

Masaki : Oui, c'est moi, Masaki Ono. Enchanté, madame Dumont !

Mme Dumont : Enchantée ! Vous n'êtes pas trop fatigué ?

Masaki : Euh... Pour le moment[*1], ça va. J'ai un peu dormi dans l'avion.

Mme Dumont : Vous serez fatigué ce soir, je pense.

Masaki : Oui... Avec le décalage horaire[*2].

Mme Dumont : Allez, on y va ? J'ai garé[*3] ma voiture là-bas. Oh là là... Vos bagages ont l'air lourds[*4] ! Je peux porter quelque chose ?

Masaki : Ne vous inquiétez pas, je vais me débrouiller[*5].

Mme Dumont : OK ! Ah oui... Appelle-moi Irène. On se tutoie[*6], hein ?

Masaki : Euh... D'accord !

[*1] pour le moment 今のところは
[*2] décalage horaire 男 時差
[*3] garé > garer 駐車する
[*4] ont l'air lourds > avoir l'air +形容詞〜 〜のようである
[*5] me débrouiller > se débrouiller 自分で何とかできる・する
[*6] se tutoie > se tutoyer 「tu」(「vous」ではなく)を使ってお互いを呼び合う

003
Vocabulaire　旅にまつわる単語・表現

☐ 空港 aéroport 男　☐ パスポート passeport 男　☐ e チケット券 billet électronique 男
☐ 航空会社 compagnie aérienne 女　☐ フライト vol 男　☐ 離陸 décollage 男　☐ 座席 siège 男
☐ 通路側 côté couloir 男　☐ 窓側 côté hublot 男　☐ シートベルト ceinture 女　☐ 着陸 atterrissage 男
☐ 乗り継ぎ correspondance 女　☐ 搭乗 embarquement 男　☐ ターミナル terminal 男
☐ 出発ロビー zone des départs 女　☐ 到着ロビー zone des arrivées 女　☐ チェックイン enregistrement 男
☐ 入国審査 contrôle de l'immigration 男　☐ 荷物受け取り retrait des bagages 男
☐ 両替レート taux de change 男　☐ 出口 sortie 女　☐ シャトルバス navette 女　☐ 高速道路 autoroute 女
☐ サービスエリア aire d'autoroute 女　☐ トイレ休憩 pause pour aller aux toilettes 女

❧ GRAMMAIRE ❧

▶ 代名動詞現在

補語人称代名詞が，主語となる人や物と同一の場合，再帰代名詞が用いられます．代名動詞とは，再帰代名詞とともに用いられる動詞を指します．

004

se coucher　寝る	
je *me* couche	nous *nous* couchons
tu *te* couches	vous *vous* couchez
il *se* couche	ils *se* couchent
on *se* couche	

s'appeler　〜という名前である	
je *m'*appelle	nous *nous* appe*l*ons
tu *t'*appelles	vous *vous* appe*l*ez
il *s'*appelle	ils *s'*appellent
on *s'*appelle	

❶ 再帰的用法（自分自身が動詞の対象となる場合）

　Je *me couche* vers onze heures.　　　　私は11時頃，就寝します．

❷ 相互的用法（主語が複数のときに，「互いに〜し合う」という意味となる）

　Ils *se téléphonent* souvent.　　　　彼らはお互いによく電話をし合っています．

❸ 受動的用法（物が主語のときに，受け身的なニュアンスとなる）

　Ce livre *se vend* bien.　　　　この本はよく売れています．

❹ 本質的用法（代名動詞としてのみ用いられる用法）

　Mon fils *se souvient* de vous.　　　　息子はあなたのことを覚えていますよ．

▶ 代名動詞現在の否定形

否定文は動詞を ne と pas で挟みます．

🐓 動詞が母音または無音の h で始まるときは，ne は n' となる．

005

se reposer　休む・休憩する	
je *ne* me repose *pas*	nous *ne* nous reposons *pas*
tu *ne* te reposes *pas*	vous *ne* vous reposez *pas*
il *ne* se repose *pas*	ils *ne* se reposent *pas*
on *ne* se repose *pas*	

　Elle ne s'appelle pas Yumi.　　　　彼女の名前はユミではありません．
　Ils ne se voient pas souvent.　　　　彼らはそれほど（頻繁に）会ってはいません．
　Ce roman ne se lit pas facilement.　　　この小説を読むのは楽ではありません．
　Tu ne te souviens plus de Thomas ?　　トマのことをもう覚えていないの？

être（現在分詞 étant / 過去分詞 été）

006

現在

je **suis**	nous **sommes**
tu **es**	vous **êtes**
il **est**	ils **sont**

単純未来

je **serai**	nous **serons**
tu **seras**	vous **serez**
il **sera**	ils **seront**

半過去

j'**étais**	nous **étions**
tu **étais**	vous **étiez**
il **était**	ils **étaient**

複合過去

j'**ai été**	nous **avons été**
tu **as été**	vous **avez été**
il **a été**	ils **ont été**

命令法

sois

soyons

soyez

Mon grand frère *est* étudiant en droit.　　　兄は法学部の学生です．

Vous *êtes* combien ?　— Nous *sommes* quatre.　何名様ですか？　— 4名です．

On *est* le combien ?　— On *est* le premier avril.　何日ですか？　— 4月1日です．

Civilisation　　tu と vous の使い分けについて　

　　tu と vous は日本語で「きみ」と「あなた（方）」というように訳し分けることができますが，機械的に訳したり，活用させたりしていませんか？フランス人にとって tu と vous の使い分けは，私達が想像している以上に重要です．tu は家族に対して使うなど，親しい関係である場合に用いられます．vous は目上の相手や知らない人に対して用いられるので，心理的に距離がある関係のときに使われます．冒頭の会話では，イレーヌがマサキに対して tu を使って話すことを提案していました．これは，マサキを家族の一員として迎え入れることを意思表示した，イレーヌの気持ちを表しています．tu で話すことを提案されたら，ぜひ tu を使って話してみてください．もちろんホストファミリーとは言え，初めて会う目上のホストファザーやホストマザーにいきなり tu を使って話すのは抵抗があるかもしれませんが，タイミングを見計らって tu で話しかけてみると，ぐっと距離を縮めることができるかもしれません．

友達	**tu** →	友達
社会人		社会人
学生	← **tu**	学生
家族		家族

社会人	**vous** →	社会人
学生	← **vous**	教師

子ども	**vous** →	大人
	← **tu**	

❧ EXERCICES ❧

1 日本語に合うように，（　）内の不定詞を適切な直説法現在に活用させなさい．

❶ Vous (s'appeler) comment ?　あなたの名前は何ですか？

❷ On (se retrouver) après l'atterrissage ?　着陸後にまたお会いしましょうか？

❸ Mes vacances à Strasbourg (se passer) bien !　ストラスブールでのバカンスは順調です！

❹ Je (se demander) s'il y a du wifi à la bibliothèque.
図書館には Wi-Fi はある（通っている）のだろうか．

2 次の文を否定文にしなさい．

❶ Mon frère se couche tard.

→

❷ Ma mère se souvient de son voyage en France.

→

❸ Elles se téléphonent souvent.

→

❹ Je me débrouille bien à l'étranger.

→

3 日本語に合うように [　] 内の単語を並べ替え，文頭は大文字にして，適切な文にしなさい．

❶ tu を使って呼び合いましょうか？　[se / on / tutoie] ?

→

❷ あなたのフランス滞在は順調ですか？　[séjour / passe / bien / France / votre / en / se] ?

→

❸ 私達は寝るのは遅くありません．　[tard / nous / nous / couchons / pas / ne].

→

007 🐓 会話でよく使われる副詞（句）

☐ 大いに・とても beaucoup ☐ あまりにも trop ☐ 上手に・良く bien ☐ 少し un peu ☐ ついに enfin
☐ 次に ensuite ☐ 頻繁に souvent ☐ ときおり parfois ☐ 時々 de temps en temps
☐ 毎日 tous les jours ☐ 常に toujours ☐ ゆっくり lentement ☐ 速く vite ☐ 遅く tard ☐ 早く tôt
☐ すでに déjà ☐ 長い間 longtemps ☐ 今 maintenant ☐ 本当に vraiment

La vie quotidienne
生活

- 複合過去
  Le passé composé

008 **Conversation modèle**

Les Legrand accueillent Kazumi chez eux.

M. Legrand : Voilà ! On est arrivés. Bienvenue chez nous !

Kazumi : Merci. C'est très joli !

M. Legrand : C'est une vieille maison. Michelle et moi, on a fait beaucoup de bricolage[*1]. Ici, c'est le salon. On y passe beaucoup de temps le soir.

Kazumi : Oh ! Vous avez une télévision japonaise !

M. Legrand : C'est vrai ! Tu peux l'utiliser quand tu veux. Nous, on regarde quelquefois le journal[*2] de vingt heures après le dîner. [...] Ici, c'est la salle à manger. En semaine, on dîne vers sept heures. La salle de bains est au premier étage.

Kazumi : Je peux l'utiliser à quelle heure ?

M. Legrand : À l'heure que tu préfères, le matin ou le soir. Michelle et moi, en général[*3], on prend notre douche le matin.

Kazumi : OK ! Moi, je me lave plutôt le soir.

M. Legrand : Alors, c'est parfait ! Comme ça, tu auras plus de temps.

[*1] bricolage 男 日曜大工・DIY
[*2] journal 男 本来は「新聞」という意味だが，ここではテレビのニュース（番組）のことを指す．journal télévisé（または JT）と言う場合もある．
[*3] en général 普通は・たいていは

009 **Vocabulaire** 家にまつわる単語・表現

- □ 玄関 entrée 女
- □ 居間 salon 男
- □ ダイニングルーム salle à manger 女
- □ 浴室 salle de bains 女
- □ トイレ toilettes 女復
- □ 1階 rez-de-chaussée 男
- □ 2階 premier étage 男
- □ 3階 deuxième étage 男
- □ 地下室・地下貯蔵庫 cave 女
- □ テラス terrasse 女
- □ 庭 jardin 男
- □ 庭仕事 jardinage 男
- □ 朝食をとる prendre le / *son* petit déjeuner
- □ 昼食をとる prendre le / *son* déjeuner / déjeuner

🍃 GRAMMAIRE 🍃

▶ 複合過去

過去の行為や，完了した行為または出来事や経験を述べるときに使われます．フランス語のなかでは一番多く用いられる過去形です．

❶ 過去分詞の作り方

010
-er → é : arriver → arrivé / aller → allé
-ir → i : finir → fini / partir → parti
その他：faire → fait / venir → venu / avoir → eu / voir → vu / mettre → mis

❷ 　avoir の活用形＋主として他動詞の過去分詞

011
Nous *avons fait* beaucoup de choses aujourd'hui.
　　　　　　　　　　　　　　　　　私達は今日，たくさんのことをしましたね．

Il *a* déjà *préparé* le dîner ? 　　　彼はすでに夕食の準備をしましたか？

Vous *avez eu* des nouvelles de Paul ?　ポールから（の）連絡はありましたか？

❸ être の活用形＋移動や変化を表す自動詞 (aller, arriver, descendre, devenir, monter, mourir, naître, partir, sortir, venir など) の過去分詞

🐔 過去分詞は主語に性・数を一致させる．

🐔 代名動詞の複合過去では，être が用いられる．

012
Anne *est arrivée* chez ses amis ce matin. アンヌは今朝，友達の家に着きました．
Ils *sont* déjà *partis*. 　　　　　　　彼らはもう出発しました．
Elles *sont allées* à la mer hier. 　　　彼女達は昨日，海へ行きました．
Je *me suis levée* à cinq heures ce matin. 私は今朝，5時に起きました．

❹ ne (n') ＋ 　avoir または être の活用形 　＋ pas ＋ 　過去分詞

🐔 否定文では avoir または être を ne と pas で挟む．

013
Je *n'ai pas* bien dormi hier soir. 　　　昨晩はよく眠れませんでした．
Son fils *n'est pas* allé à l'université hier. 彼女の息子は昨日，大学へ行きませんでした．
Tu *n'as pas* vu Catherine ce matin ? 　今朝，カトリーヌを見かけなかった？
Elle *ne* s'est *pas* couchée tard hier soir. 彼女は昨晩，就寝は遅くなかった．

☐ 夕食をとる prendre le /*son* dîner / dîner　☐ 風呂に入る prendre un /*son* bain
☐ シャワーを浴びる prendre une /*sa* douche / se doucher　☐ 掃除をする faire le ménage
☐ 食器洗いをする faire la vaisselle　☐ 夕飯の準備をする préparer le dîner　☐ 洗濯をする faire la lessive
☐ 洗濯物を畳む plier le linge　☐ 食卓に食器を並べる mettre la table
☐ 食卓の食器を片付ける débarrasser la table

avoir (現在分詞 ayant / 過去分詞 eu)

014

現在

j'**ai**	nous **avons**
tu **as**	vous **avez**
il **a**	ils **ont**

単純未来

j'**aurai**	nous **aurons**
tu **auras**	vous **aurez**
il **aura**	ils **auront**

半過去

j'**avais**	nous **avions**
tu **avais**	vous **aviez**
il **avait**	ils **avaient**

複合過去

j'**ai eu**	nous **avons eu**
tu **as eu**	vous **avez eu**
il **a eu**	ils **ont eu**

命令法

aie

ayons

ayez

J'*ai* soif !
のどが渇いた！

Vous *avez* faim ?
お腹がすいていますか？

Ils *ont* deux enfants.
彼らには子どもが2人います。

Ma fille *a* vingt ans.
娘は20歳です。

015 数字

1 un(e) 2 deux 3 trois 4 quatre 5 cinq 6 six 7 sept
8 huit 9 neuf 10 dix 11 onze 12 douze 13 treize
14 quatorze 15 quinze 16 seize 17 dix-sept 18 dix-huit
19 dix-neuf 20 vingt 21 vingt et un 22 vingt-deux
30 trente 31 trente et un 32 trente-deux 40 quarante
41 quarante et un 42 quarante-deux 50 cinquante
60 soixante 70 soixante-dix 71 soixante et onze
72 soixante-douze 77 soixante-dix-sept
79 soixante-dix-neuf 80 quatre-vingts 81 quatre-vingt-un
82 quatre-vingt-deux 90 quatre-vingt-dix
91 quatre-vingt-onze 99 quatre-vingt-dix-neuf
100 cent 101 cent un 110 cent dix 200 deux cents
210 deux cent dix 1000 mille 2000 deux mille

Civilisation　　フランス語の数え方

　フランス語の数字の数え方が難しいと感じたことがある人も多いと思います．16は seize なのに，17は dix-sept と10と7の足し算になっていたり，80は quatre-vingts と掛け算になっていたりと，覚えるのに苦労します．20を基本とした数え方は，現在のフランスのブルターニュ地方にかつて住んでいたガリア人（ケルト人）の習慣の名残です．フランス語の仲間であるイタリア語，スペイン語，ポルトガル語，ルーマニア語ではこのような数え方はしません．またベルギーやスイスでも，70は septante，80は huitante，90は nonante と数えます．ベルギーの女性ポップ歌手のアンジェル（Angèle）には，nonante-cinq というタイトル名のアルバムがあります．フランス語だけが古代の習慣を連綿と伝えていると考えると，複雑な数え方にロマンを感じませんか?!

❧ EXERCICES ❧

1 （　）内の不定詞を **avoir** を用いた複合過去にしなさい.

❶ Nous (regarder) la télé après le dîner.

....

❷ Tu (manger) une omelette au Mont Saint-Michel ?

....

❸ J'(jouer) au tennis avec un ami.

....

❹ Anne (faire) un gâteau au chocolat.

....

2 （　）内の不定詞を **être** を用いた複合過去にしなさい.

❶ Paul (aller) à la banque.

....

❷ Elle (arriver) à Orléans hier soir.

....

❸ Ils (partir) pour Paris ce matin.

....

❹ Elles (venir) chez nous la semaine dernière.

....

3 次の文を否定文にしなさい.

❶ J'ai eu froid hier soir.

→ ....

❷ Il est allé à la bibliothèque.

→ ....

❸ Elle est arrivée à l'heure.

→ ....

❹ Elles se sont couchées tôt hier soir.

→ ....

016 🐓 時をあらわす単語・表現

☐ 今日 aujourd'hui　☐ 昨日 hier　☐ 昨日の朝 hier matin　☐ 昨日の午後 hier après-midi
☐ 昨晩 hier soir　☐ 一昨日 avant-hier　☐ 先週 la semaine dernière　☐ 先月 le mois dernier
☐ 去年 l'année dernière　☐ 翌日 le lendemain　☐ 時間どおりに à l'heure　☐ 遅れて en retard

LEÇON 3

Aller à l'université
通学

- 疑問文 / 命令法 / 強調構文
  La phrase interrogative / L'impératif / La mise en relief

---

017 **Conversation modèle**

Mika prend le bus pour aller à l'université.

> Mika : Bonjour, monsieur. J'ai un pass[*1], mais c'est la première fois que je l'utilise... On fait comment pour le valider[*2] ?
>
> Le conducteur : Faites-le juste biper[*3] ici, sur la borne[*4]. Voilà, votre pass est validé. Faites la même chose chaque fois que vous monterez dans le bus.
>
> Mika : Merci, monsieur. Ce bus s'arrête bien à l'université d'Orléans ?
>
> Le conducteur : Oui, oui. C'est la bonne direction.
>
> Mika : Euh... Ça prend combien de temps ?
>
> Le conducteur : Environ vingt minutes, mais ça dépend de la circulation[*5]. Descendez à l'arrêt « Université », juste après « Parc floral ». N'oubliez pas d'appuyer[*6] sur le bouton rouge pour demander l'arrêt.
>
> Mika : Merci beaucoup !

*1 pass 男 定期券
*2 valider 有効化する・有効な状態にする
*3 faites-le biper > faire biper 〜 〜をタッチさせる
*4 borne 女 読み取り機
*5 circulation 女 交通（状況）
*6 appuyer （ボタンなどを）押す

---

018 **Vocabulaire** 授業にまつわる単語・表現

- ☐ 教室 salle (de classe) 女　☐ 正門 entrée principale 女　☐ 1号館 bâtiment un 男
- ☐ 掲示版 panneau 男　☐ 大教室 amphithéâtre 男　☐ 廊下 couloir 男
- ☐ 初級クラス classe de niveau débutant 女　☐ 中級クラス classe de niveau intermédiaire 女
- ☐ 上級クラス classe de niveau avancé 女　☐ 文法の授業 cours de grammaire 男　☐ 文化 culture 女
- ☐ 文明 civilisation 女　☐ 地理 géographie 女　☐ フランスの歴史 histoire de France 女
- ☐ 出席している présent(e)　☐ 欠席している absent(e)　☐ 15分の休憩 pause de quinze minutes 女
- ☐ 教科書 manuel 男　☐ ノート cahier 男　☐ ペン stylo 男

GRAMMAIRE

疑問文

疑問文には次の 3 つの形があり，いずれも発音するときは文末を上げて読みます．

019 ❶ 平叙文の文末に？をつける．

Il est français **?**　　　　　彼はフランス人ですか？

❷ 文頭に Est-ce que をつける．🐔 主語が母音または無音の h で始まるときは Est-ce qu' となる．

*Est-ce qu'*il est français ?

❸ 主語と動詞を倒置し，倒置したことを示すために「-」（トレ・デュニオン）を入れてつなぐ．

Est-il français ?

🐔 倒置したときに母音が重なる場合は，母音の衝突を避けるために「-t-」でつなぐ．

A-t-il dix-huit ans ?　　　　彼は 18 歳ですか？

🐔 代名詞以外の名詞が主語の場合はその語を文頭に残し，その後に主語人称代名詞と動詞を倒置させる．

Paul est-il français ?　　　　ポールはフランス人ですか？

命令法

　直説法現在と同じ活用をする動詞がほとんどですが，-er 動詞や aller は tu の活用で語尾の s を取ります．avoir と être は，特殊な活用をします．

020

rester　〜のままでいる・留まる	
(tu)	rest*e*　〜のままでいなさい
(nous)	rest*ons*　〜のままでいましょう
(vous)	rest*ez*　〜のままでいてください

avoir	
(tu)	**aie**
(nous)	**ayons**
(vous)	**ayez**

être	
(tu)	**sois**
(nous)	**soyons**
(vous)	**soyez**

Soyons positifs.　　　　　　前向き（な気持ち）になりましょう．

🐔 tu に対する命令文の場合，直後に y や en などの中性代名詞が用いられると，活用語尾の -s が復活する．

Va*s*-y.　そこへ行きなさい．　　　　Profite*s*-en.　楽しんでね．

強調構文

021

Jean a laissé un message à Olivier ce matin.

`主語`　　　　`直接目的補語`　`間接目的補語`　`副詞（句）`

今朝，ジャンがオリヴィエにメッセージを残しました．

主語を強調 → *C'est* **Jean** *qui* a laissé un message à Olivier ce matin.

直接目的補語を強調 → *C'est* **un message** *que* Jean a laissé à Olivier ce matin.

間接目的補語を強調 → *C'est* **à Olivier** *que* Jean a laissé un message ce matin.

副詞（句）を強調 → *C'est* **ce matin** *que* Jean a laissé un message à Olivier.

monter（現在分詞 **montant** / 過去分詞 **monté**）

現在

je **monte**	nous **montons**
tu **montes**	vous **montez**
il **monte**	ils **montent**

単純未来

je **monterai**	nous **monterons**
tu **monteras**	vous **monterez**
il **montera**	ils **monteront**

半過去

je **montais**	nous **montions**
tu **montais**	vous **montiez**
il **montait**	ils **montaient**

複合過去

je **suis monté(e)**	nous **sommes monté(e)s**
tu **es monté(e)**	vous **êtes monté(e)(s)**
il **est monté**	ils **sont montés**
elle **est montée**	elles **sont montées**

命令法

monte
montons
montez

Il *monte* dans un taxi. 　　　　　　彼はタクシーに乗ります．

Nous *sommes montés* au sommet de la tour Eiffel par l'escalier !
　　　　　　　　私達はエッフェル塔の頂上まで，階段で上ったのです！

Elles *sont montées* au cinquième étage. 　彼女達は6階へ上がりました．

Civilisation 　フランスのバス

　　フランスでは地下鉄はパリやリヨンなど6都市，トラムは30ほどの都市で運行しています．これらの都市ではバスに乗る機会は少ないかもしれませんが，地方の都市ではバスの方が便利なこともあるでしょう．長期滞在の場合は定期券を購入して公共交通機関を利用するのがお勧めです．

　　フランスでは，日本のように最寄り駅から学校までの区間分の定期券を購入するのではなく，ゾーンであらかじめ区切られた区域の公共交通機関が乗り放題になる定期券が一般的で，とても便利です．

　　旅行などで，単発的にバスに乗車する場合はチケットを購入する必要があります．かつてはフランスでもバス車内でチケットを購入したり，乗車賃を支払うことができました．しかし近年，強盗や運転手への暴行が頻発したため，現在ではバス停や窓口等で事前購入しなければなりません．チケットを購入した場合は，機械にチケットを通して打刻する必要があります．ときどき，抜き打ちの検札（contrôle）が実施され，見回りにきたスタッフが定期券または打刻済みのチケットを確認します．うっかりチケットを通すのを忘れてしまった場合でも無賃乗車とみなされ，高額の罰金支払いが求められてしまうため，注意が必要です．

❧ EXERCICES ❧

1 次の文を，3通りの疑問文にしなさい.

❶ Il est professeur.

_____

_____

❷ Tu connais madame Dupont.

_____

_____

❸ Elle a fini le dîner.

_____

_____

_____

023 🐓 職業名

☐ 学生 étudiant / étudiante
☐ 高校生 lycéen / lycéenne
☐ 教師 professeur / professeure
☐ 公務員 fonctionnaire / fonctionnaire
☐ 医者 médecin / médecin
☐ 看護師 infirmier / infirmière
☐ 会社員 employé / employée
☐ 歌手 chanteur / chanteuse
☐ 主夫 / 主婦 homme au foyer / femme au foyer

2 日本語に合うように，（　）内の不定詞を適切な命令法に活用させなさい.

❶ (appuyer) sur le bouton pour ouvrir la porte.　ドアを開けるにはボタンを押してください.

_____

❷ (monter) par l'escalier.　階段で上がりなさい.

_____

❸ (valider) votre pass, s'il vous plaît.　どうぞ定期券を（タッチして）読み取らせてください.

_____

❹ Ne (être) pas timide.　恥ずかしがらないでね.

_____

3 次の文を，下線部を強調した強調構文にしなさい.

❶ Nous voyagerons à l'étranger l'année prochaine.

→ _____

❷ Je vais à Londres avec Anne.

→ _____

❸ Mon frère adore les dessins animés japonais.

→ _____

LEÇON 4

Se présenter
自己紹介

- 単純未来 / 指示形容詞
  Le futur simple / Les adjectifs démonstratifs

024 **Conversation modèle**

Masaki et Takashi participent à leur premier cours de français avec Juliette Pindon, leur professeure.

Mᵐᵉ Pindon : Bonjour. Vous allez bien ?

Les élèves : Bonjour !

Mᵐᵉ Pindon : Je m'appelle Juliette Pindon. Dans cette classe, nous allons étudier la grammaire. Est-ce que vous avez une feuille[1] ?

Masaki : Une feuille de mon cahier, ça va ?

Mᵐᵉ Pindon : Oui, c'est parfait. Pliez[2] la feuille en trois comme ça, écrivez votre nom en gros caractères[3] et posez la feuille sur la table, devant vous. [...] Alors, vous vous appelez Takashi...

Takashi : Oui, je m'appelle Takashi Ito.

Mᵐᵉ Pindon : Très bien. Et vous, vous vous appelez comment ?

Masaki : Je m'appelle Masaki Ono. Je suis en deuxième année de licence.

Mᵐᵉ Pindon : Très bien. Masaki, vous étudiez le français depuis combien de temps ?

Masaki : Depuis deux ans. Je commencerai ma troisième année en avril.

[1] feuille 囡 用紙
[2] pliez > plier 折る
[3] en gros caractères 大きな文字で

025 **Vocabulaire** 自己紹介にまつわる単語・表現

- ☐ 1 (2 / 3) 年生です être en première (deuxième / troisième) année ☐ 文学部 faculté des lettres 囡
- ☐ 国際学部 faculté des études internationales 囡 ☐ 経済学部 faculté d'économie 囡
- ☐ 経営学部 faculté de gestion 囡 ☐ 理学部 faculté des sciences 囡 ☐ 医学部 faculté de médecine 囡
- ☐ 社会学部 faculté de sociologie 囡 ☐ 法学部 faculté de droit 囡
- ☐ 心理学部 faculté de psychologie 囡 ☐ 農学部 faculté d'agronomie 囡
- ☐ 建築学部 faculté d'architecture 囡 ☐ 専門 spécialité 囡 ☐ 学士 licence 囡 ☐ 修士 master 男
- ☐ 博士 doctorat 男

 GRAMMAIRE

▶ 単純未来

未来のことを述べるときに用いられます．ほぼ確定している未来の予定については，現在形が用いられることも多いです．不定詞から r(e) を取ったものを語幹とし，語尾をつけます．

026

je *–rai*	nous *–rons*
tu *–ras*	vous *–rez*
il *–ra*	ils *–ront*

commencer 始める	
je commence*rai*	nous commence*rons*
tu commence*ras*	vous commence*rez*
il commence*ra*	ils commence*ront*

 特殊な語幹を持つ動詞

> ～である être → je serai　～を持つ avoir → j'aurai　行く aller → j'irai
> 来る venir → je viendrai　～をする faire → je ferai　～を見る・会う voir → je verrai

Demain matin, nous *commencerons* à neuf heures.　明日の朝は，私達は9時に始めましょう．

Pierre *aura* vingt et un ans le mois prochain.　ピエールは来月，21歳になります．

Tu *iras* à la bibliothèque avec nous ?　僕達と一緒に図書館へ行く？

Nous nous *verrons* demain !　明日お会いしましょう！

Je ne *serai* plus au Japon la semaine prochaine.　来週は，もう日本にいません．

▶ 指示形容詞

027

	男性	女性
単数	ce (cet)	cette
複数	ces	

 ce は母音または無音の h で始まる男性単数名詞の前では，cet となる．

Elle travaille dans *ce* supermarché.
彼女はこのスーパーで働いています．

J'ai réservé deux nuits dans *cet* hôtel.
私はこのホテルに2泊予約しました．

Connaissez-vous *ces* enfants ?
この子ども達をご存知ですか？

Cette information n'est pas sûre.
この情報は不確かです．

aller（現在分詞 **allant** / 過去分詞 **allé**）

現在

je **vais**	nous **allons**
tu **vas**	vous **allez**
il **va**	ils **vont**

単純未来

j'**irai**	nous **irons**
tu **iras**	vous **irez**
il **ira**	ils **iront**

半過去

j'**allais**	nous **allions**
tu **allais**	vous **alliez**
il **allait**	ils **allaient**

複合過去

je **suis allé(e)**	nous **sommes allé(e)s**
tu **es allé(e)**	vous **êtes allé(e)(s)**
il **est allé**	ils **sont allés**
elle **est allée**	elles **sont allées**

命令法

va
allons
allez

Tu *iras* à Tokyo cet été ? この夏は，東京へ行くの？
Elle *est allée* en France l'année dernière. 彼女は昨年フランスへ行きました．
Comment *allez*-vous, madame Dubois ? ご機嫌いかがですか，デュボワさん？
Allons tout droit dans cette rue. この通りを真っ直ぐ行きましょう．

Civilisation　授業中の受け答え

　コミュニケーションを重視するフランスでは，質問は時として何かを尋ねるだけでなく，相手から話を引き出すための呼び水として用いられることも多いです．ですから会話文のマサキのように，質問への回答に一言付け加える形で返答するほうが良いと考えられています．フランスでは，Oui または Non で返答しただけでは不十分とみなされるばかりでなく，「会話を続けたくない」意思表示だとみなされてしまうことさえあります．そのため，積極的に会話を続けるような情報を，追加していく努力が求められます．またフランスでは，教員は学生の名前をすぐに覚えます．というのも，名前を忘れるということは失礼なことと考えられているからです．そこで，p.22の写真のように教員が学生の名前を記憶できるよう，初回授業では大抵ネームプレートを作ります．私達にとって馴染みのないフランス名は，発音するのも暗記するのも大変ですが，ホストファミリーに紹介されたときには，名前を瞬時に覚えるよう努めましょう．

❧ EXERCICES ❧

1 日本語に合うように，（　）内の不定詞を単純未来に活用させなさい.

❶ Ils (étudier) en Europe l'année prochaine.　彼らは来年ヨーロッパで勉強するでしょう.

❷ Mon fils (être) étudiant en droit.　息子は法学部の学生になります.

❸ J'(aller) à Londres cet automne.　私はこの秋ロンドンへ行きます.

❹ Tu (avoir) froid sans ton manteau d'hiver.　(きみの) 冬用コートがなければ，寒くなるよ.

❺ Elle ne (venir) pas avec nous.　彼女は僕達と一緒には来ないでしょう.

❻ Nous nous (voir) ce soir.　今晩お会いしましょう.

❼ Vous (découvrir) beaucoup de choses à Bordeaux.
ボルドーであなた方は，たくさんのことを発見（見聞き）されるでしょう.

2 日本語に合うように，（　）内に適切な指示形容詞を記入しなさい.

❶ Je ne rentre pas tard (　　　) soir.　今晩，私の帰宅は遅くなりませんよ.
❷ Tu auras cours (　　　) après-midi ?　今日の午後は授業があるの?
❸ Il n'achètera pas (　　　) livres.　彼はこれらの本を買わないでしょう.
❹ Tu connais (　　　) jeune femme ?　きみはこの若い女性を知っているの?
❺ (　　　) film est très intéressant.　この映画はとても面白いよ.
❻ (　　　) chaussures jaunes sont jolies.　こ (れら) の黄色い靴はきれいだね.

029 🐓 時をあらわす単語・表現

☐明日 demain　☐明日の朝 demain matin　☐明日の午後 demain après-midi　☐明日の晩 demain soir
☐明後日 après-demain　☐来週 la semaine prochaine　☐来月 le mois prochain
☐来年 l'année prochaine　☐この春 ce printemps　☐この夏 cet été　☐この秋 cet automne
☐この冬 cet hiver

030 🐓 否定の表現

☐もう〜ない ne 〜 plus　☐決して〜ない ne 〜 jamais　☐(たった) 〜しかない ne 〜 que
☐何も〜ない ne 〜 rien　☐誰も〜ない ne 〜 personne

LEÇON 5

Les cours
授業

・近接未来 / 近接過去 / 冠詞縮約
Le futur proche / Le passé proche / L'article contracté

031 **Conversation modèle**

Takeshi est en cours de grammaire avec madame Pindon.

Mme Pindon : Alors, maintenant, nous allons faire l'exercice deux.

Les étudiants font l'exercice et madame Pindon circule[*1] *dans la classe.*

Mme Pindon : Ça va, Takeshi ?

Takeshi : Euh… non. En fait, je ne comprends pas la consigne[*2]. Qu'est-ce que ça veut dire, « relevez » ?

Mme Pindon : Ça veut dire « trouvez et notez ». Donc, trouvez les verbes au passé composé[*3] dans le texte et notez-les dans votre cahier.

Takeshi : D'accord, merci !

Mme Pindon : Takeshi, n'hésitez[*4] pas à me poser des questions si vous ne comprenez pas. D'accord ?

Takeshi : Oui, madame.

Mme Pindon : Alors, vous avez fini ?

Les étudiants : Oui !

Mme Pindon : Bon, Akira et Satoko, venez au tableau[*5], s'il vous plaît.

*1 circule > circuler 回る・巡回する
*2 consigne 女 (設問の)指示(文)
*3 passé composé 男 複合過去
*4 hésitez > hésiter ためらう・躊躇する
*5 tableau 男 黒板

032 **Vocabulaire** フランス語学習にまつわる単語・表現

□ 主語 sujet 男 　□ 目的(補)語 complément d'objet 男 　□ 名詞 nom 男 　□ 形容詞 adjectif 男
□ 動詞 verbe 男 　□ 副詞 adverbe 男 　□ 時制 temps 男 　□ 現在形 présent 男 　□ 過去形 passé 男
□ 未来形 futur 男 　□ 一人称 première personne 女 　□ 二人称 deuxième personne 女
□ 三人称 troisième personne 女 　□ 単数形 singulier 男 　□ 複数形 pluriel 男
□ 肯定文 phrase affirmative 女 　□ 否定文 phrase négative 女 　□ 疑問文 phrase interrogative 女
□ 発音 prononciation 女 　□ 会話 conversation 女 　□ コミュニケーション communication 女
□ 修正する・採点する corriger 　□ 筆記試験 examen écrit 男 　□ 口頭試験 examen oral 男

❧ GRAMMAIRE ❧

近接未来

| **aller** の直説法現在の活用形＋不定詞（動詞の原形） | 「もうすぐ～します」 |

033   Vous *allez découvrir* des paysages magnifiques.   素晴らしい風景を目にされることでしょう.

      Ils *vont passer* une semaine à Rome.   彼らはローマで1週間, 過ごすことでしょう.

近接過去

| **venir** の直説法現在の活用形＋ *de (d')* ＋不定詞（動詞の原形） | 「～したばかりです」 |

034   Je *viens d'*arriver chez moi.   帰宅したばかりです.

      Vous *venez de* voir Jean-Paul ?   ジャン゠ポールに会ったばかりなのですね?

冠詞縮約

定冠詞の le または les が, 前置詞 à や de の直後に来たときは縮約した形をとります.

| 前置詞 **à** | 「～で, ～へ」 | | 前置詞 **de** | 「～の, ～から」 |

035 | à ＋ le → *au* | Ma grande sœur étudie le français et l'anglais *au* Canada.

                姉はカナダでフランス語と英語の勉強をしています.

| à ＋ les → *aux* | Ils sont allés *aux* États-Unis.   彼らはアメリカ合衆国へ行きました.

| de ＋ le → *du* | Vous venez *du* Japon ?   日本のご出身ですか?

| de ＋ les → *des* | Juin est le mois *des* cerises.   6月はさくらんぼの月（季節）です.

🐓 定冠詞の la, またはエリジョンしている場合は, 縮約しない.

      Je vais *à la* bibliothèque cet après-midi.   今日の午後, 図書館へ行きます.

      Son université se trouve près *de la* banque.   彼（女）の大学は, 銀行の近くにあります.

      Julien est allé *à l'*hôpital ce matin.   ジュリアンは今朝, 病院へ行きました.

💡 「～（国名）へ・で」と言う場合

母音で始まる国名： | en ＋単数名詞の国名 | | aux ＋複数名詞の国名 |

子音で始まる国名： | en ＋単数女性名詞の国名 | | au ＋単数男性名詞の国名 | | aux ＋複数名詞の国名 |

Ils passent leurs vacances *aux États-Unis*. Je vais *en France*.

Mon père travaille *au Canada*.

「～（国名）から」と言う場合

母音で始まる国名： | d' ＋単数名詞の国名 | | des ＋複数名詞の国名 |

子音で始まる国名： | de ＋単数女性名詞の国名 | | du ＋単数男性名詞の国名 | | des ＋複数名詞の国名 |

Elles viennent *d'Italie*. Il vient *de France*. Je vais rentrer *du Japon*.

Le bateau est parti *des Philippines*.

venir（現在分詞 **venant** / 過去分詞 **venu**）

 036

現在

je **viens**	nous **venons**
tu **viens**	vous **venez**
il **vient**	ils **viennent**

単純未来

je **viendrai**	nous **viendrons**
tu **viendras**	vous **viendrez**
il **viendra**	ils **viendront**

半過去

je **venais**	nous **venions**
tu **venais**	vous **veniez**
il **venait**	ils **venaient**

複合過去

je **suis venu(e)**	nous **sommes venu(e)s**
tu **es venu(e)**	vous **êtes venu(e)(s)**
il **est venu**	ils **sont venus**
elle **est venue**	elles **sont venues**

命令法

viens

venons

venez

Viens avec nous !	私達と一緒に来てよ！
Tu *viendras* avec qui ?	誰と一緒に来るの？
Hier, elle *est venue* chez nous vers six heures.	昨日，彼女は6時頃我が家に来ました．
Nous *venons* de visiter l'ancien hôtel de ville.	私達は旧市庁舎を訪れたばかりです．

Civilisation ｜ 積極的に発言する ｜

　日本では，授業中に学生が積極的に質問することはあまりないかもしれません．また，教員から質問されたときに答えられない場合，「答えがわかりません」「質問をもう一度繰り返してください」とはなかなか言い出せないことも多いのではないでしょうか．

　フランスでは学生が教員に対して「声がよく聞こえませんでした」「黒板の字をもっと大きく書いてください」「質問の意味がわかりません」「解答がわかりません」など，率直に伝えることがよくあります．日本ではあまり馴染みがないリアクションのため，最初は驚いてしまうかもしれません．フランスでよくないと考えられている行為は，質問に答えずに黙ってしまうことです．日本では，「問題がわからなくて答えられないのだろう」と教員が察することがほとんどかもしれません．しかしフランスでは，黙ってしまうことは返答の意志が無いという積極的行為として捉えられてしまって，失礼にあたります．文化の違いを克服するためにも，ぜひ声を出して返答するよう頑張ってください．

❦ EXERCICES ❦

1 日本語に合うように，（　）内に **aller** か **venir** を適切に活用させて記入しなさい.

❶ Comment (　　　　　)-tu ？ — Je (　　　　　) très bien, merci.
　調子はどう？　— とても元気だよ，ありがとう.

❷ Vous (　　　　　) d'où ？ — Je (　　　　　) d'Italie.
　どちらのご出身ですか？　— イタリア出身です.

2 次の文を，それぞれ(Ⅰ)近接未来と(Ⅱ)近接過去の文に書き換えなさい.

❶ Nous terminons nos devoirs.

　（Ⅰ）→ _____

　（Ⅱ）→ _____

❷ Elles visitent le château de Versailles.

　（Ⅰ）→ _____

　（Ⅱ）→ _____

❸ Il a dix-neuf ans.

　（Ⅰ）→ _____

　（Ⅱ）→ _____

3 日本語に合うように [　] 内の単語を並べ替え，文頭は大文字にして，適切な文にしなさい.

❶ 本日の定食をお願いします.　　　　[le / du / jour / plat], s'il vous plaît.

　→ _____

❷ それは隣人の車です.　　　　[voisins / la / des / voiture / c'est].

　→ _____

❸ 私達は明日，映画館へ行きます.　　　[irons / cinéma / au / nous / demain].

　→ _____

❹ ロワールの城に興味があります.

　　　　　　　[m' / Loire / intéresse / la / aux / de / je / châteaux].

　→ _____

037 🐓 **国と国籍**

☐ 日本 Japon 男　☐ 日本人 Japonais / Japonaise　☐ フランス France 女
☐ フランス人 Français / Française　☐ ドイツ Allemagne 女　☐ ドイツ人 Allemand / Allemande
☐ イギリス Angleterre 女　☐ イギリス人 Anglais / Anglaise　☐ スペイン Espagne 女
☐ スペイン人 Espagnol / Espagnole　☐ イタリア Italie 女　☐ イタリア人 Italien / Italienne
☐ アメリカ合衆国 États-Unis 男 複　☐ アメリカ人 Américain / Américaine　☐ 中国 Chine 女
☐ 中国人 Chinois / Chinoise　☐ アルジェリア Algérie 女　☐ アルジェリア人 Algérien / Algérienne

LEÇON 6

Au restaurant universitaire
学食で

- 準助動詞 / 所有形容詞
  Les verbes semi-auxiliaires / Les adjectifs possessifs

038 **Conversation modèle**

Daichi va au restaurant universitaire[*1]. *Il fait la queue*[*2] *à la caisse*[*3].

La caissière : Vous avez votre carte d'étudiant ?

Daichi : Oui ! Attendez, elle est dans mon sac… Voilà.

La caissière : Merci. Alors, avec deux desserts, ça fera quatre euros cinquante, s'il vous plaît.

Daichi : Euh… On ne peut pas avoir deux desserts avec le menu normal ?

La caissière : Si, c'est possible, mais vous devez choisir, soit deux desserts sans fromage, soit un dessert et un fromage.

Daichi : Bon, d'accord. Je rends[*4] la compote de pommes[*5], alors.

La caissière : Pas de problème. Ça fera trois euros trente.

Daichi : Voilà.

La caissière : Et si vous voulez prendre du pain, c'est là-bas, juste à côté des[*6] couverts[*7].

Daichi : Merci.

La caissière : Bon appétit !

*1 restaurant universitaire 男 学食 (resto U / RU とも言う)	*5 compote de pommes 女 リンゴのコンポート (シロップ煮)
*2 fait > faire la queue 列を作る・並ぶ	*6 à côté des > à côté de 〜 〜のそばに・隣に
*3 caisse 女 会計・レジ	*7 couverts > couvert 男 (スプーン・ナイフ・フォークなど) の食卓用具
*4 rends > rendre 戻す・返却する	

039 **Vocabulaire**　学食にまつわる単語・表現

☐ スプーン cuillère 女　☐ ナイフ couteau 男　☐ フォーク fourchette 女　☐ 大皿・料理 plat 男
☐ コップ verre 男　☐ カラフ carafe 女　☐ ケチャップ ketchup 男　☐ マヨネーズ mayonnaise 女
☐ マスタード moutarde 女　☐ 塩 sel 男　☐ コショウ poivre 男　☐ サラダ salade 女　☐ ビーフ bœuf 男

❧ GRAMMAIRE ❧

▌準助動詞 vouloir, pouvoir, devoir

040

vouloir ～したい / ～が欲しい	
je *veux*	nous *voulons*
tu *veux*	vous *voulez*
il *veut*	ils *veulent*

pouvoir ～できる	
je *peux*	nous *pouvons*
tu *peux*	vous *pouvez*
il *peut*	ils *peuvent*

devoir ～すべきだ	
je *dois*	nous *devons*
tu *dois*	vous *devez*
il *doit*	ils *doivent*

Nous *voulons* aller au château de Chambord. 　私達はシャンボール城に行きたいです.

Il *veut* du Coca. 　彼はコーラが欲しいのです.

Vous ne *pouvez* pas annuler la réservation le jour même.
　　　　　　　　　　　　　　　当日の予約キャンセルはできません.

Tu *dois* bien préparer ton exposé. 　プレゼンの準備をちゃんとしないといけないよ.

▌所有形容詞

修飾する名詞に合わせて性・数が一致します.

041

	男性単数	女性単数	男女複数
私の	mon	ma (mon)	mes
きみの	ton	ta (ton)	tes
彼 (女) の / それの	son	sa (son)	ses
私達の	notre		nos
きみ達の / あなた (方) の	votre		vos
彼 (女) らの / それらの	leur		leurs

Ta petite sœur travaille dans un zoo ? 　きみの妹さんは動物園で働いているの？

Leurs parents habitent à Berlin. 　彼 (女) らの両親はベルリンに住んでいます.

Ses frères jouent du violon. 　彼 (女) の兄弟達はバイオリンを弾きます.

Vous passerez *vos* vacances en Allemagne ? 　バカンスはドイツでお過ごしでしょうか？

🐔 母音または無音の h で始まる女性単数名詞の前では, ma / ta / sa は mon / ton / son となる.

C'est *mon* école de langue. 　それが, 僕の語学学校だよ.

Je n'ai pas *son* adresse. 　彼 (女) の住所は知りません.

☐ ポーク porc 男　☐ チキン poulet 男　☐ ウェルダン bien cuit(e)　☐ ミディアム à point
☐ レア saignant(e)　☐ 鱈 (タラ) morue 女　☐ サーモン saumon 男　☐ パスタ pâtes 女複
☐ クスクス couscous 男　☐ 米 riz 男　☐ 水 eau 女

attendre (現在分詞 attendant / 過去分詞 attendu)

042

現在

j'**attends**	nous **attendons**
tu **attends**	vous **attendez**
il **attend**	ils **attendent**

単純未来

j'**attendrai**	nous **attendrons**
tu **attendras**	vous **attendrez**
il **attendra**	ils **attendront**

半過去

j'**attendais**	nous **attendions**
tu **attendais**	vous **attendiez**
il **attendait**	ils **attendaient**

複合過去

j'**ai attendu**	nous **avons attendu**
tu **as attendu**	vous **avez attendu**
il **a attendu**	ils **ont attendu**

命令法

attends

attendons

attendez

J'*attendrai* Pierre et Florence devant l'Opéra Garnier.
オペラ・ガルニエの前でピエールとフロランスを待ちます.

Attendons le prochain bus. 次のバスを待ちましょう.

Il *a attendu* Sylvie pendant des heures. 彼は何時間もシルヴィーのことを待ちました.

Civilisation フランスの大学生

　フランスの大学で最初に驚くことの1つとして，学食と言えども前菜・メイン・デザートのフルコースで食事が提供されることが挙げられます．日本のようにラーメンや丼ものを単品で注文することはほとんどなく，フルコースをそれぞれカスタマイズしながら選ぶスタイルとなっていて，一律同じ額を支払う形となっています．多くの大学で，500円前後で食べることができます．ワンコインでバランスの良いフルコースを食すことができるのは，学生にとっては有難いものです．前菜はミニサラダやテリーヌなど数種の中から1品を選び，メインは多くは肉料理（ハンバーグや鶏肉の煮込み，ときには北アフリカの料理であるクスクスなど）または魚料理（サーモンのソテーや白身魚の揚げ物など）に付け野菜を添えたものから1品を選び，デザートはヨーグルトやフルーツ，プリンなどから選択します．これにミニバゲットがつくので，かなりのボリュームとなります．以前は現金で支払うことができましたが，現在ではチャージされた学生証を使ったキャッシュレス決済となっています．

❧ EXERCICES ❧

1 ▶ 日本語に合うように，（　）内の不定詞を適切に活用させなさい.

❶ Je (vouloir) m'inscrire aux cours de français de niveau avancé.
フランス語の上級クラスに申し込みたいです.

❷ En Bretagne, tu (devoir) absolument manger des crêpes !
きみはブルターニュでは絶対クレープを食べるべきだよ.

❸ Vous ne (pouvoir) pas prendre de photos ici.　ここでは写真を撮ってはいけません.

❹ Qui (vouloir) du fromage ?　チーズが欲しいのは，どなたですか？

❺ Nous (devoir) d'abord vérifier votre réservation.
私達はまず，あなたのご予約を確認しないといけません.

❻ Vous ne (pouvoir) pas sortir par cette porte.　こちらのドアから外へは出られませんよ.

2 ▶ 日本語に合うように，（　）内に適切な所有形容詞を記入しなさい.

❶ (　　　　) grand frère travaille dans une entreprise française.
彼女の兄はフランス企業で働いています.

❷ Je vous présente (　　　) famille.　私の家族をあなたに紹介します.

❸ Paul ressemble à (　　　) grande sœur.　ポールは彼のお姉さんに似ています.

❹ Ce sont (　　　) manuels.　これらは彼女の教科書です.

❺ (　　　) père est dentiste.　彼女の父は歯医者です.

❻ Avez-vous (　　　) passeport ?　あなたのパスポートをお持ちですか？

❼ (　　　) parents sont fonctionnaires.　彼らの両親は公務員です.

❽ Tu connais (　　　) mère ?　彼のお母さんを知ってる？

❾ (　　　) petit frère est étudiant ?　きみの弟さんは大学生なの？

❿ Nous passons (　　　) vacances en Espagne.　私達のバカンスをスペインで過ごします.

043 🐓 家族

☐ 家族 famille 女　☐ 両親 parents　☐ 父 père　☐ 母 mère　☐ 兄弟 frère　☐ 兄 grand frère
☐ 弟 petit frère　☐ 姉妹 sœur　☐ 姉 grande sœur　☐ 妹 petite sœur　☐ 祖父母 grands-parents
☐ 祖父 grand-père　☐ 祖母 grand-mère　☐ 息子 fils　☐ 娘 fille　☐ 夫 mari　☐ 妻 femme
☐ おじ oncle　☐ おば tante　☐ いとこ cousin(e)

LEÇON 7

Au dîner
夕食にて

- 中性代名詞 en
  Le pronom neutre *en*

Conversation modèle

Chinatsu dîne avec sa famille d'accueil.

M. Bernard : Chinatsu, tu aimes le pâté ?

Chinatsu : Le pâté ? Qu'est-ce que c'est ?

M. Bernard : C'est un mélange de viande hachée[*1] et d'oignon avec des herbes[*2] et des épices[*3]. En général, on en mange avec du pain.

Chinatsu : Ça a l'air délicieux ! Oui, avec plaisir.

M. Bernard : Tu prends un peu de vin blanc ?

Chinatsu : Non merci, je ne bois pas d'alcool[*4].

M. Bernard : Ah, d'accord. Alors, un peu d'eau pétillante ?

Chinatsu : Oui, volontiers[*5].

M. Bernard : Ah… J'ai oublié de te demander. Tu aimes le fromage ? J'en ai acheté au marché hier.

Chinatsu : Euh… En fait, je n'aime pas beaucoup ça. Mais, je ne connais pas très bien. Je vais essayer…

M. Bernard : Très bien ! Goûte juste un petit morceau[*6] et, si ça ne te plaît pas, tu peux le laisser[*7].

[*1] viande hachée (女) ひき肉
[*2] herbes > herbe (女) ハーブ・香草
[*3] épices > épice (女) スパイス
[*4] alcool (男) アルコール（飲料）
[*5] volontiers 喜んで
[*6] morceau (男) 切れ端・一切れ
[*7] laisser 残す

Vocabulaire 食事にまつわる単語・表現

- ☐ ソフトドリンク boisson sans alcool / boisson non alcoolisée (女)
- ☐ 炭酸水 eau pétillante (女) / eau gazeuse (女)   ☐ 炭酸の入っていない水 eau plate (女)
- ☐ オレンジジュース jus d'orange (男)   ☐ りんごジュース jus de pomme (男)
- ☐ 1杯の白ワイン un verre de vin blanc (男)   ☐ 赤ワイン1瓶 une bouteille de vin rouge (女)

 **GRAMMAIRE**

中性代名詞 en

以下の場合は，代名詞は en となります．動詞の直前に置かれます．

046 ❶ 前置詞 de ＋名詞 の代名詞化

Vous avez discuté *de ton projet d'études à l'étranger* ?

— Oui, nous *en* avons discuté. / Non, nous n'*en* avons pas discuté.

きみの留学の計画について，きみ達は話したの？

— はい，私達はそのことについて話しました．／いいえ，私達はそのことについて話しませんでした．

❷ 不定冠詞や部分冠詞＋名詞 の代名詞化

Tu as *des stylos* ? — Non, je n'*en* ai pas.

ペンを何本か持っている？ — いいや，持っていないんだ．

Est-ce qu'il a *de la fièvre* ? — Non, il n'*en* a pas.

彼は熱がありますか？ — いいえ，ありません．

❸ 数量の表現とともに

Elle a *des frères et sœurs* ?

— Oui, elle *en* a deux, un grand frère et une petite sœur.

彼女に兄弟姉妹はいますか？ — はい，2人いて，兄と妹です．

Voulez-vous aussi *des pommes* ? — Oui, j'*en* voudrais un kilo, s'il vous plaît.

りんごも欲しいですか？ — はい，それを1キロ，お願いします．

047
参考：否定文で使われる冠詞の de

主語＋他動詞＋直接目的補語 の構文が否定形で用いられる場合，直接目的補語の直前に置かれる不定冠詞または部分冠詞は，de に変わります．「ゼロの冠詞」または「否定の de」とも呼ばれます．

J'ai une sœur. → Je n'ai pas *de* sœur.

Elle a du temps. → Elle n'a pas *de* temps.

Ils ont de l'argent. → Ils n'ont pas *d'*argent.

🐓 主語＋他動詞＋直接目的補語 の構文で，直接目的補語の直前に置かれる定冠詞は，de にならない．また，主語＋自動詞＋属詞 の構文でも，de にならない．

Il connaît les parents de Marie. → Il ne connaît pas les parents de Marie.

C'est une école. → Ce n'est pas une école.

☐ 自家製パン pain maison 男 ☐ ニース風サラダ salade niçoise 女 ☐ 鴨のコンフィ confit de canard 男
☐ 鱈の切り身アイオリソース掛け pavé de cabillaud à l'aïoli 男 ☐ バニラアイスクリーム glace à la vanille 女
☐ チーズの盛り合わせ plateau de fromages 男 ☐ コーヒー café 男 ☐ 紅茶 thé 男
☐ ハーブティー infusion 女 / tisane 女

❧ CONJUGAISONS ❧

connaître（現在分詞 connaissant／過去分詞 connu）

048

現在	
je **connais**	nous **connaissons**
tu **connais**	vous **connaissez**
il **connaît**	ils **connaissent**

単純未来	
je **connaîtrai**	nous **connaîtrons**
tu **connaîtras**	vous **connaîtrez**
il **connaîtra**	ils **connaîtront**

半過去	
je **connaissais**	nous **connaissions**
tu **connaissais**	vous **connaissiez**
il **connaissait**	ils **connaissaient**

複合過去	
j'ai **connu**	nous avons **connu**
tu as **connu**	vous avez **connu**
il a **connu**	ils ont **connu**

Tu *connais* Daft Punk ? C'est un groupe français de musique électronique.
ダフト・パンクを知っている？フランス人の電子音楽ユニットなんだ．

On *s'est connus* à l'université.　私達は大学で知り合いました．

Civilisation　　家庭での食事

　学食同様，フランスでは家庭でもフルコースの形で食事が提供されます．とはいえ忙しい平日の夜は，前菜にはハムだけだったり，サラダだけということもあり，メインも野菜の入ったオムレツのみということも多いです．デザートも板チョコのかけらを数片や，りんごを丸ごとがぶりとかじって終わりということもあります．共働き家庭の多いフランスでは，購入した惣菜品や冷凍食品を活用した夕食の機会も増えています．また敬虔なカトリック教徒の家庭では，金曜日には肉料理は食べずに魚料理のみを食します．種類が豊富なことで有名なフランスのチーズですが，メインの後に少し物足りないと感じたときにチーズを食べることが多いようです．バゲットに塗り，赤ワインとともに食します．食後は，カフェインの摂取を控える人も多く，コーヒーや紅茶の代わりにハーブティーを飲む人が増えました．デカフェのコーヒーもよく飲まれています．

　週末は，ランチに時間をかける家庭も多く，親族や友人を招いて手間暇かけた家庭料理をゆっくりと時間をかけて楽しみます．フランスでも健康志向や思想からヴィーガンの人が増えており，豚肉を口にしないイスラム教徒の人口も多いことから，友人を食事に招く際に配慮は欠かせません．若い人達は，金曜や土曜の夜に友人の家に集まって持ち寄りパーティーをしては，夜を徹しておしゃべりをしたり，音楽に合わせて踊ったりして楽しみます．

❧ EXERCICES ❧

1 次の文の下線部を中性代名詞に変えて，全文を書き換えなさい.

❶ J'ai des amis français.

→ ....

❷ Tu manges du fromage ?

→ ....

❸ Elle parle de sa ville natale.

→ ....

❹ Vous avez de la monnaie ?

→ ....

❺ Ils ont trois enfants.

→ ....

2 次の疑問文に対する答えとなるように，[　]内の単語を並べ替え，文頭は大文字にして，適切な文にしなさい.

❶ Est-ce qu'elle a des frères ?　— [non / n' / en / elle / a / pas].

→ ....

❷ Est-ce qu'ils ont deux chats ?　— [oui / en / deux / ont / ils].

→ ....

❸ Vous parlez des Jeux olympiques ?　— [oui / en / parlons / nous].

→ ....

3 次の文を否定文にしなさい.

❶ J'ai une grande sœur.　私は姉が1人います.

→ ....

❷ Elle a du talent.　彼女は才能がありますね.

→ ....

❸ C'est un hôtel.　それはホテルです.

→ ....

❹ Ils ont un chien.　彼らは犬を1匹飼っています.

→ ....

❺ Pierre attend des amis ici.　ピエールはここで友達を待っています.

→ ....

❻ Tu as de la chance.　きみはついてる (運が良い) ね.

→ ....

LEÇON 8

Les devoirs
宿題

・補語人称代名詞
Les pronoms personnels compléments

049 **Conversation modèle**

Les Martin appellent Ken qui travaille dans sa chambre.

Mᵐᵉ Martin : Ken, descends, s'il te plaît. On va bientôt manger.

Ken : D'accord ! J'arrive dans cinq minutes !

Mᵐᵉ Martin : Pas de problème, on t'attend !

Cinq minutes plus tard.

Ken : Excusez-moi, je faisais mes devoirs. Monsieur Durand nous en a donné beaucoup et c'est vraiment difficile.

Mᵐᵉ Martin : Ne t'inquiète pas. Nous allons les faire ensemble après le dîner.

Ken : Merci, c'est très gentil. En ce moment, on étudie les temps du passé[*1]. Je ne comprends pas bien la différence entre le passé composé et l'imparfait[*2].

Mᵐᵉ Martin : Ah oui, c'est vrai. C'est difficile. J'essaierai de t'expliquer. Vous avez déjà vu le plus-que-parfait[*3] ?

Ken : Non, pas encore. Monsieur Durand est très strict sur les devoirs. Je dois absolument[*4] les terminer pour demain.

*1 temps du passé 男 過去時制
*2 imparfait 男 半過去
*3 plus-que-parfait 男 大過去
*4 absolument 絶対に

---

050 **Vocabulaire** 宿題にまつわる単語・表現

☐ 宿題をする faire *ses* devoirs ☐ 練習問題の添削をする corriger des exercices

☐ 添削した宿題を返却する rendre les corrections ☐ 37 頁の動詞を，2 回ずつ活用を書いてくる écrire deux fois les conjugaisons des verbes de la page trente-sept ☐ 点数・成績 note 女

☐ 作文問題 exercice de production écrite 男 ☐ 発音問題 exercice de phonétique 男 ☐ 見直す vérifier

☐ 期日 date limite 女 ☐ 難しい difficile ☐ 易しい facile

☐ 20 頁の設問 3 が解けませんでした。 Je n'ai pas trouvé la réponse de l'exercice trois de la page vingt.

❧ GRAMMAIRE ❧

補語人称代名詞

051

主語	je	tu	il	elle	nous	vous	ils	elles
直接目的補語	me	te	le (l')	la (l')			les	
間接目的補語	(m')	(t')	lui		nous	vous	leur	

052
Il fait *le ménage* le samedi.　彼は土曜日に掃除をします．　→ Il *le* fait le samedi.

Gilles présente sa famille *à ses collègues*.　ジルは同僚に家族を紹介します．

→ Gilles *leur* présente sa famille.

Sylvie attend *son amie*.　シルヴィーは友達を待っています．　→ Sylvie *l'*attend.

Je *ne* connais *pas ton grand frère*.　私は，きみのお兄さんを知りません．

→ Je *ne le* connais *pas*.

Ne dérange pas *ta petite sœur*.　妹の邪魔をしてはだめよ．　→ Ne *la* dérange pas.

Tu n'*as* pas encore *téléphoné à Paul*?　まだポールに電話をしていないの？

→ Tu ne *lui as* pas encore *téléphoné*?

🐓 複合過去などで直接目的補語が人称代名詞となって動詞の前に置かれるときは，過去分詞は人称代名詞に
合わせて性・教を一致させます．

Tu as reconnu *Léa*?　レアのことが(彼女だと)わかりましたか？　→ Tu *l'*as reconnu*e*?

1文のなかで補語人称代名詞を2つ用いる場合には，順番が以下のように決まっています．

> 主語＋ (ne) ＋ | me, te, nous, vous ＋ | le, la, les | ＋ lui, leur | ＋動詞＋ (pas)

053
Je montre *les photos de ma famille d'accueil* à mes parents.

私は両親にホストファミリーの写真を見せます．

→ Je *les* **leur** montre.

肯定命令文の場合は「-」(トレ・デュニオン)でつなぎます．また，me は moi に，te は toi に変わ
ります．

054
Pose *cette question* à ton prof.　きみの先生に，この質問を尋ねてごらん．

→ Pose-*la* à ton prof.

Écrivez *à vos parents* de temps en temps.　ときどき，ご両親にメールを書いてあげてください．

→ Écrivez-*leur* de temps en temps.

Donnez *votre dossier* à madame Dupont.　デュポンさんにあなたの書類を渡してください．

→ Donnez-*le-lui*.

Écoutez-*moi* attentivement.　注意深く，私(の話)を聞いてください．

Dépêche-*toi*.　急いでね．

🐓 否定命令文では，moi や toi は使われません．

Ne *te* presse pas.　急がないでね．

faire（現在分詞 **faisant** ／ 過去分詞 **fait**）

⁰⁵⁵

現在

je **fais**	nous **faisons**
tu **fais**	vous **faites**
il **fait**	ils **font**

単純未来

je **ferai**	nous **ferons**
tu **feras**	vous **ferez**
il **fera**	ils **feront**

半過去

je **faisais**	nous **faisions**
tu **faisais**	vous **faisiez**
il **faisait**	ils **faisaient**

複合過去

j'ai **fait**	nous **avons fait**
tu **as fait**	vous **avez fait**
il **a fait**	ils **ont fait**

命令法

fais

faisons

faites

Ça *fait* combien ？ — Ça *fait* trois euros cinquante.
おいくらですか？ ―３ユーロ50（サンチーム）です．

Ils *font* du foot.　　　　　　　　　　　彼らはサッカーをします．

Qu'est-ce qu'il *fait* dans la vie ？　　彼の職業は何ですか？

Elle *a fait* une tarte au citron pour ses amies.　彼女は友達のために，レモンタルトを作りました．

Civilisation　　フランスの大学　

　日本の大学でも試験期間には図書館で遅くまで勉強する人が増えますが，フランスではさらに熱心に学生は勉強をしています．というのも，フランスでは落第点を取る人が多く，留年することも多いからです．国立大学が大半を占めるフランスでは，各大学独自の入学試験がありません．バカロレア試験に合格していれば，基本的にはどこの大学へも進学できる制度となっています．多くの人に進学の門戸が開かれているぶん，フランスの大学では卒業が難しく，毎学期の試験で厳しくふるい分けられるのです．20点満点方式となっており，10点以上で合格，10点未満で不合格となります．16点以上であれば高得点とみなされます．

　1年生から2年生へ進級する際に半数近くが落第することもあり，必死に勉強をしないと卒業ができません．フランスでは留年は大学生に限ったものではなく，小学校でも留年することはめずらしいことではありません．わからないまま進級するよりも，きちんと理解してから学習を進めるべきだという考えが根付いています．

❧ EXERCICES ❧

1 次の文の下線部を補語人称代名詞に変えて，全文を書き換えなさい．

❶ J'attends mes amis.

→ _____

❷ Guillaume écrit un e-mail à Julie.

→ _____

❸ Nous vous montrons les photos.

→ _____

❹ Il ressemble à son frère.

→ _____

❺ Vous avez terminé votre dessert ?

→ _____

❻ Elle a présenté Simon à ses parents.

→ _____

❼ La confiture de framboise plaît à Vincent.

→ _____

2 日本語に合うように [　] 内の単語を並べ替え，文頭は大文字にして，適切な文にしなさい．
必要な場合は - （トレ・デュニオン）を入れなさい．

❶ 少し急ぎましょう．　　　　　　　　　[nous / un / dépêchons / peu].

→ _____

❷ 今晩，私に電話してね．　　　　　　　[appelle / ce / moi / soir].

→ _____

❸ 彼らに私の電話番号を渡しておいてください．

[mon / de / leur / donnez / téléphone / numéro].

→ _____

❹ 彼女達の邪魔をしないようにしましょう．　[dérangeons / les / pas / ne]

→ _____

056 🐓 曜日

☐ 月曜日 lundi 男　☐ 火曜日 mardi 男　☐ 水曜日 mercredi 男　☐ 木曜日 jeudi 男　☐ 金曜日 vendredi 男
☐ 土曜日 samedi 男　☐ 日曜日 dimanche 男　☐ 4月5日の月曜日 le lundi cinq avril
☐ 来週（今度）の木曜日 jeudi prochain　☐ 曜日 les jours de la semaine 男 複

LEÇON 9

Le week-end
週末

・関係代名詞 qui / 受動態
Le pronom relatif *qui* / La voix passive

Conversation modèle

Aya est en week-end. Elle discute du programme de la journée avec les Garnier.

M. Garnier : Il va faire très beau aujourd'hui ! Aya, ça te dirait d'aller visiter le château de Chambord ? C'est juste à quelques kilomètres de la maison.

Aya : Oh oui ! C'est une bonne idée ! Ça fait longtemps que j'ai envie d'y[*1] aller. C'est Léonard de Vinci qui a dessiné les plans, n'est-ce pas ?

M. Garnier : Oui, on dit ça. Tu as entendu parler du[*2] fameux escalier central ?

Aya : L'escalier central ?

M. Garnier : Oui, c'est un double escalier en colimaçon[*3]. Il a été conçu[*4] pour que les personnes qui montent ne croisent pas celles qui descendent.

Aya : Euh… Je ne comprends pas « en colimaçon ».

M. Garnier : Ah oui… On utilise rarement[*5] cette expression. Un escalier « en colimaçon », c'est un escalier qui tourne, comme ça. Je vais te montrer une photo sur Internet, ce sera plus clair.

*1 ai envie d' > avoir envie de ～ ～したい
*2 as entendu parler du > entendre parler de ～ ～について聞く・聞いたことがある
*3 escalier en colimaçon 男 螺旋階段
*4 conçu > concevoir ～ 構想を抱く
*5 rarement めったに～ない

058 **Vocabulaire** 余暇にまつわる単語・表現

☐ 小旅行 excursion 女 ☐ 訪問・見学 visite 女 ☐ 高速鉄道（新幹線）TGV 男
☐ 長距離バス autocar 男 / car 男 ☐ 車で en voiture ☐ 電車で en train ☐ 飛行機で en avion
☐ 旅行 voyage 男 ☐ 週末ステイ séjour d'un week-end 男 ☐ 予約 réservation 女
☐ パーティー soirée 女 / fête 女 ☐ 友達と映画へ行く aller au cinéma avec des ami(e)s
☐ アペリティフ（夕食前の時間に，おつまみを食べながらソフトドリンクまたはアルコールなどを 1 杯飲むこと）
に招待されている être invité(e) à prendre l'apéritif ☐ 家で過ごす rester à la maison

❧ GRAMMAIRE ❧

▶ 関係代名詞 qui

先行詞が，関係節の中で主語となる語句を関係代名詞にするときに用いられます.

059

Montez dans *le train*. *Il* va jusqu'à Orléans.

→ Montez dans le train *qui* va jusqu'à Orléans.

オルレアンまで行く電車に乗ってください.

J'ai *une amie*. *Elle* connaît ton cousin Antoine !

→ J'ai une amie *qui* connaît ton cousin Antoine !

きみの従兄弟アントワーヌのことを知っている友達がいるんだよ！

Attends-moi dans *le café*. *Il* est devant la gare.

→ Attends-moi dans le café *qui* est devant la gare.

駅の前にあるカフェで，私のことを待っててね.

▶ 受動態

| être の活用形＋過去分詞＋ de / par ＋動作主 |

060

Mon grand-père *est respecté de* tout le monde.　　祖父は皆から尊敬されています.

🐔 受動態の意味上の主語（動作主）は一般的に継続した状態を表す動詞の場合は de によって，一時的な状態を表す動詞の場合は par によって導かれる.

Pierre *est invité* à dîner *par* monsieur et madame Dubois samedi.

ピエールは（今週）土曜日に，デュボワ夫妻から夕食に招待されています.

🐔 過去分詞は主語に合わせて，性・数を一致させる.

Les manuels *seront distribués* au bureau *par* madame Charpentier.

教科書は，事務室でシャルパンティエさんから配布されます.

🐔 | de ＋動作主 | や | par ＋動作主 | を省いて，動作主を示さない場合も多い.

Ce château *a été construit* au dix-septième siècle.　この城は17世紀に建てられました.

❧ CONJUGAISONS ❧

dire（現在分詞 **disant** / 過去分詞 **dit**）

061

現在

je **dis**	nous **disons**
tu **dis**	vous **dites**
il **dit**	ils **disent**

単純未来

je **dirai**	nous **dirons**
tu **diras**	vous **direz**
il **dira**	ils **diront**

半過去

je **disais**	nous **disions**
tu **disais**	vous **disiez**
il **disait**	ils **disaient**

複合過去

j'ai **dit**	nous **avons dit**
tu **as dit**	vous **avez dit**
il **a dit**	ils **ont dit**

命令法

dis

disons

dites

Pierre *dit* qu'il s'intéresse à notre projet.
ピエールは，私達の計画に興味があると言っています．

Dites bonjour à vos parents.　　　　　ご両親によろしくお伝えください．

Dis, qu'est-ce que tu penses de cette chanson ?　ねえ，この曲についてどう思う？

Qu'est-ce que vous *avez dit* ?　　　　　何ておっしゃいましたか？

Civilisation　　ロワールの古城　

　パリと言えばセーヌ川が有名ですが，フランスで一番長い川と言えばロワール川になります．フランスの中央山塊に位置するジェルビエ・ド・ジョン山から湧き出でた水を源流とし，オルレアンまでは北へ向かって流れ，そこから西に折れてトゥール，アンジェ，ナントを経て大西洋へ流れ出ます．オルレアンからアンジェまでのロワール川流域には数多くの古城が点在し，古城めぐりを楽しむことができます．中世以来，ロワール流域には城塞が築かれてきましたが，数多くの城が点在するのは，イングランドとの百年戦争に終止符を打ち，フランスに勝利をもたらした勝利王シャルル7世が，城塞を修築したシノン城に宮廷を置いたのが始まりとされています．シノン城を訪れたジャンヌ・ダルクにシャルル7世が引見し，陥落寸前のオルレアンを解放させる任務にあたらせると，彼女は快進撃を続けてフランスをイングランド軍から解放し，勝利をもたらしました．城内にある時計塔は，現在ではジャンヌ・ダルク博物館となっています．ロワール流域のトゥールがフランスの首都となった時期もありました．

❖ EXERCICES ❖

1 日本語に合うように [ ] 内の単語を並べ替え、文頭は大文字にして、適切な文にしなさい。

❶ フランス語を話す友達がいます。　[ai / un / ami / qui / j' / français / parle].

→

❷ 広場にある花屋さんは、きみにお勧めだよ。

[je / recommande / le / la / te / qui / sur / fleuriste / place / est].

→

❸ 机の上にある書類を取ってくれますか？

[est / prendre / le / sur / pouvez / vous / le / dossier / qui / bureau] ?

→

❹ きみの気に入った曲はどれかな？

[quelles / qui / sont / plaisent / te / chansons / les] ?

→

❺ ピエールと話している男性を知っていますか？

[Pierre / connaissez / parle / homme / vous / qui / avec / l'] ?

→

2 下線部を主語にして、次の文を受動態の文にしなさい。

❶ Victor aime <u>Alice</u>.

→

❷ Ce soir, Julien préparera <u>le dîner</u>.

→

❸ Monsieur et madame Durand ont accueilli <u>Naoto</u>.

→

❹ Louise a fait <u>cette tarte aux pommes</u>.

→

🦐 月

1月 janvier 男　2月 février 男　3月 mars 男　4月 avril 男　5月 mai 男　6月 juin 男
7月 juillet 男　8月 août 男　9月 septembre 男　10月 octobre 男　11月 novembre 男
12月 décembre 男

LEÇON 10

La lessive
洗濯

・非人称構文 / ジェロンディフ
La construction impersonnelle / Le gérondif

063 **Conversation modèle**

*Madame Lavigne explique à Ichiro comment utiliser la machine à laver[*1].*

Mᵐᵉ Lavigne : Ichiro, tu n'as pas besoin de faire une lessive ?

Ichiro : Si, je dois en faire une justement.

Mᵐᵉ Lavigne : Si tu veux, je peux m'en occuper[*2]... Ou alors, tu préfères laver ton linge toi-même ?

Ichiro : Euh… Je vais essayer moi-même.

Mᵐᵉ Lavigne : OK. Viens avec moi, je vais t'expliquer comment ça marche. Tu mets le linge[*3] dans la machine. Tu verses[*4] la lessive[*5] ici. Tu vois, il y a plusieurs programmes. S'il n'y a pas de linge délicat, je te conseille le « programme mixte » à trente degrés.

Ichiro *(en réglant[*6] le programme de lavage)* : D'accord…

Mᵐᵉ Lavigne : Et pour la température, tu appuies ici. Voilà. Trente degrés. Tu as compris ?

Ichiro : Euh… Oui, je pense.

Mᵐᵉ Lavigne : Si tu as un problème, n'hésite pas à m'appeler.

*1 machine à laver 女 洗濯機
*2 m'en occuper > s'occuper de 〜 〜を引き受ける・〜の面倒をみる
*3 linge 男 洗濯物
*4 verses > verser 注ぐ・流し込む
*5 lessive 女 洗剤・洗濯・洗濯物
*6 réglant > régler 調整する

064 **Vocabulaire** 洗濯にまつわる単語・表現

☐ 乾燥機 sèche-linge 男 ☐ 柔軟剤 adoucissant 男 ☐ 洗濯をする・洗う laver ☐ 乾かす・干す sécher
☐ 洗濯物をしまう ranger le linge ☐ シーツ drap 男 ☐ 枕カバー taie d'oreiller 女
☐ コートをクリーニングに出す déposer un manteau au pressing ☐ お湯 eau chaude 女
☐ 高温 haute température 女 ☐ 低温 basse température 女 ☐ フェイスタオル serviette 女
☐ バスタオル serviette de bain 女 ☐ 靴下 chaussettes 女複 ☐ パジャマ pyjama 男
☐ スウェット sweat-shirt 男 ☐ ズボン pantalon 男 ☐ スカート jupe 女 ☐ ワイシャツ chemise 女
☐ T シャツ T-shirt 男 ☐ ジャケット veste 女

🌸 GRAMMAIRE 🌸

▶ 非人称構文

065 ❶ 天候 / 気候　*Il fait* beau aujourd'hui.　　　今日は天気がいいです.

　　　　　　　　Il fera très chaud demain.　　　明日はとても暑くなるでしょう.

　　　　　　　　Il pleut du matin au soir.　　　朝から晩まで雨が降っています.

❷ 時間　Quelle heure *est-il* ?　— *Il est* huit heures trente.

　　　　　　　　　　　　　　　　何時ですか？　— 8時30分です.

❸ Il y a 〜.　*Il y a* du beurre dans le frigo.　冷蔵庫にバターがあります.

❹ Il faut 〜.　*Il faut* se dépêcher.　　　　急がないといけません.

❺ Il vaut mieux 〜.　*Il vaut mieux* acheter des légumes au marché.

　　　　　　　　　　　　野菜はマルシェで買ったほうがいいですよ.

❻ Il est (C'est) 〜 de 〜.　*Il est difficile de* trouver une solution.

　　　　　　　　　　　　　　解決（方法）を見出すのは難しい.

▶ 現在分詞

現在分詞の作り方は，直説法現在の一人称複数（nous）の活用語尾 -ons を -ant に置き換えます.

066 🐔 例外 être → étant ／ avoir → ayant ／ savoir → sachant

　　J'ai rencontré madame Picard *promenant* son chien.

　　　　　　　　　　　　犬を散歩させていたピカールさんに会いました.

▶ ジェロンディフ

同時性 / 条件 / 譲歩などを意味する副詞句として使われます.

　en ＋現在分詞　の形をとります.

067 ❶ 同時性：Nous prenons le petit déjeuner *en écoutant* la radio.

　　　　　　　　　　　　私達はラジオを聞きながら，朝食を食べます.

❷ 条件：*En attendant* encore dix minutes, vous pourrez faire une réservation.

　　　　　　　　　　　　あと10分待ってくだされば，予約ができますよ.

❸ 譲歩：Elle a décidé de faire des études de marketing, *tout en s'intéressant* au théâtre.

　　　　　　　　　演劇に興味があるけれど，彼女はマーケティングの勉強をすることに決めました.

　🐔 譲歩の場合は，tout en 〜 ant の形でよく用いられる.

devoir（現在分詞 devant / 過去分詞 dû）

現在

je **dois**	nous **devons**
tu **dois**	vous **devez**
il **doit**	ils **doivent**

単純未来

je **devrai**	nous **devrons**
tu **devras**	vous **devrez**
il **devra**	ils **devront**

半過去

je **devais**	nous **devions**
tu **devais**	vous **deviez**
il **devait**	ils **devaient**

複合過去

j'**ai dû**	nous **avons dû**
tu **as dû**	vous **avez dû**
il **a dû**	ils **ont dû**

Tu *dois* beaucoup travailler.　　　きみはたくさん勉強しないといけないよ．

Nous *avons dû* sortir de la salle avant seize heures.
私達は16時前に教室を出なければならなかったのです．

Il *doit* avoir moins de vingt ans.　　彼は20歳未満に違いない．

Vous *devrez* vous lever tôt pour aller à l'aéroport.
空港へ行くために，あなたは早く起きる必要があるでしょう．

Civilisation　　フランスの洗濯事情　

　1週間程度の旅行であれば洗濯せずとも済みますが，短期・長期滞在となると，否が応でも洗濯が不可欠となります．寮住まいであれば，多くは地下に洗濯機と乾燥機が複数台置かれた部屋があり，混雑する週末を避ければ問題なく洗濯ができます．アパート暮らしの場合は，洗濯機が置かれていない部屋も多いため，コインランドリーを利用することになります．コインランドリーは日本と同じ仕様で使い方も簡単です．都市であれば，近所ですぐに見つけることができるほど，多く存在します．ところがホームステイとなると，家庭ごとに決まりがあるので，滞在の初めにきちんとホストファミリーに確認することが大切です．溜まった洗濯物をホストに預けて洗ってもらう場合もあれば，自身で洗濯機を使用して洗う場合など，家庭ごとに洗濯方法が異なってきます．日本と異なり，洗濯ものを庭やベランダなど人目に触れる場所に干すことはマナー違反と考えられています．

❧ EXERCICES ❧

1 日本語に合うように [　] 内の単語を並べ替え，文頭は大文字にして，適切な文にしなさい．

❶ 大阪は良い天気です． [à / fait / beau / Osaka / il].

→ ....

❷ 何時ですか？ [est / heure / il / quelle] ?

→ ....

❸ フランスでは2月はよく雨が降ります． En France, [souvent / il / en / pleut] février.

→ ....

❹ 今日は寒くなるでしょう． [fera / il / froid] aujourd'hui.

→ ....

❺ 予約をしたほうがいいですよ． [vaut / une / il / faire / mieux / réservation].

→ ....

❻ 彼の同意を得るのは，容易ではありません．

[facile / d' / n' / il / son / pas / accord / est / obtenir].

→ ....

❼ 魚のスープを作るのは大変です．

[difficile / de / il / de / de / la / poisson / est / faire / soupe].

→ ....

❽ キャンパスのなかに，学食が3か所あります．

[il / le / y / restaurants / trois / sur / universitaires / a] campus.

→ ....

2 次の文の下線部をジェロンディフにして，全文を書き換えなさい．

❶ Je déjeune et je regarde la télé.　テレビを見ながら，昼食をとります．

→ ....

❷ Si vous faites un peu plus d'efforts, vous aurez sûrement une bonne note !
もう少し努力すれば，あなたは確実に良い成績になるでしょう！

→ ....

❸ Ma grande sœur fait un jogging et elle écoute de la musique pop coréenne.
姉は K ポップ・ミュージックを聞きながら，ジョギングをします．

→ ....

LEÇON 11

Les problèmes de santé
病気

- 冠詞 / 指示代名詞
  Les articles / Les pronoms démonstratifs

069 **Conversation modèle**

Junya rentre chez les Dupont. Il ne se sent pas bien.

Junya : Bonsoir, Hélène.

Mme Dupont : Ah, bonsoir, Junya. Ça va ?

Junya : En fait, je ne me sens pas bien depuis cet après-midi.

Mme Dupont : Ah bon ? Qu'est-ce que tu as ?

Junya : Je suis fatigué et j'ai mal à la gorge. J'ai peut-être attrapé un rhume.

Mme Dupont : Tu as de la fièvre ?

Junya : Je ne sais pas. Peut-être…

Mme Dupont : Alors, prends ta température. Je vais t'apporter un thermomètre[*1]. […] Voilà.

Junya : Merci… (*Junya prend sa température.*)

Mme Dupont : Alors ?

Junya : Oh là là… J'ai 38…

Mme Dupont : Bon, il vaut mieux te coucher tout de suite. Je vais te donner un médicament contre la fièvre.

Junya : Merci ! Je le prendrai après le dîner. J'ai l'estomac fragile.

Mme Dupont : Ne t'inquiète pas. C'est un médicament qu'on peut prendre à jeun[*2].

*1 thermomètre 男 体温計
*2 à jeun 何も食べずに・空腹のまま

070 **Vocabulaire**

病気にまつわる単語・表現

- ☐ 胃が痛い avoir mal à l'estomac
- ☐ 頭が痛い avoir mal à la tête
- ☐ 足が痛い avoir mal aux pieds / avoir mal aux jambes
- ☐ 気持ちが悪い avoir mal au cœur
- ☐ 風邪をひく attraper un rhume
- ☐ 咳が出る tousser   ☐ 虫歯 carie 女
- ☐ 猫 (の毛に) アレルギーがある être allergique aux poils de chat
- ☐ 下痢 diarrhée 女
- ☐ 便秘 constipation 女
- ☐ インフルエンザ grippe 女
- ☐ 虫刺され piqûre d'insecte 女
- ☐ 抗生物質 antibiotique 男
- ☐ 鎮痛剤 antalgique 男
- ☐ 風邪薬 médicament contre le rhume 男
- ☐ 咳止め薬 médicament contre la toux 男
- ☐ 消化の良い食品 aliment facile à digérer 男
- ☐ ベッドで寝ている rester au lit
- ☐ 学校を休む ne pas aller en cours / être absent(e) en cours
- ☐ 静養する se reposer

 GRAMMAIRE

不定冠詞

071

	男性	女性
単数	**un**	**une**
複数	**des**	

un cahier → *des* cahiers ノート

une revue → *des* revues 雑誌

🐓 名詞の前に形容詞が置かれる場合，不定冠詞の des は de となる．

Ce sont des beaux tableaux. → Ce sont *de* beaux tableaux.　美しい絵画です．

定冠詞

072

	男性	女性
単数	**le (l')**	**la (l')**
複数	**les**	

le soleil 太陽

la lune 月

*l'*université Paris Cité パリ・シテ大学　　　*les* Jeux olympiques オリンピック大会

部分冠詞

073

男性	女性
du (de l')	**de la (de l')**

du temps 時間　　　*de la* chance チャンス　　　*de l'*argent お金

指示代名詞

074

	男性	女性
単数	**celui**	**celle**
複数	**ceux**	**celles**

❶ Voici deux manteaux. Vous préférez *celui*-ci ou *celui*-là ?
こちらに2着のコートがあります．こちらのほうがお好みですか，あちらですか？

❷ *Ceux* qui ont déjà terminé leur inscription à l'accueil peuvent entrer dans le hall.
受付ですでに登録した人だけがホールに入れます．

指示代名詞のなかには，性数変化しないものもあります． **ce (c') / ça / ceci / cela**

① *C'*est *ça*.　　　　　　　その通りです．

② Je te donne *ceci*.　　　　これをきみにあげるね．

③ *Cela* n'est pas difficile.　（それは）難しくないです．

prendre（現在分詞 prenant / 過去分詞 pris）

075

現在

je **prends**	nous **prenons**
tu **prends**	vous **prenez**
il **prend**	ils **prennent**

単純未来

je **prendrai**	nous **prendrons**
tu **prendras**	vous **prendrez**
il **prendra**	ils **prendront**

半過去

je **prenais**	nous **prenions**
tu **prenais**	vous **preniez**
il **prenait**	ils **prenaient**

複合過去

j'**ai pris**	nous **avons pris**
tu **as pris**	vous **avez pris**
il **a pris**	ils **ont pris**

命令法

prends

prenons

prenez

Mon grand frère *prend* des photos d'animaux.　兄は動物の写真を撮っています．
Le 19 octobre, nous *prendrons* le TGV.　10月19日に，私達は TGV に乗車します．
J'*ai* déjà *pris* mon petit déjeuner.　朝食はもう食べました．
Prends le bus de la ligne 3.　3号線のバスに乗ってね．

Civilisation　フランスの医療事情　

　フランスでの滞在が長期にわたる場合は，保険の加入が求められます．フランスで語学学校に登録する場合には，日本で保険に加入する必要があります．フランスの大学に登録した場合は，フランスの保険に加入することができます．各大学に関係窓口または連絡先が設けられているので，ぜひ情報収集されることをお勧めします．フランスでは一般的にかかりつけの担当医師が決められており，緊急時以外は担当医に診察してもらって，必要な場合には専門医を紹介されます．ですから日本のように，診察してもらう病院を個人で選ぶことはできず，場合によっては紹介された診察医の予約がひと月待ちということも少なくありません．また，抗生物質の処方については日本よりも慎重です．

　日本でも救急車の民営化が検討され，試験的に導入されている地域もありますが，フランスでは地方公共団体が運営する救急車のほかに，民営の救急車があります．民営の救急車で搬送された場合，費用はおおむね数万円の自己負担となりますが，保険ですべてカバーすることもできます．加入時に，保険の内容を精査することが大切です．医療費の支払いは，基本的に後日 HP からアクセスし，必要な情報を入力して，カード決済となります．祝日や週末の緊急外来の場合は，その場で現金払いということもあります．

❧ EXERCICES ❧

1 日本語に合うように，（　）内に適切な冠詞を記入しなさい．
（　　　　）内に入る単語は1語とは限りません．

❶ Regarde ! Il y a (　　　) poneys dans (　　　) jardîn.
見てみて！公園に小馬が何頭かいますよ．

❷ (　　　　) mairie est tout près d'ici. 市役所はここからすぐの所にありますよ．

❸ J'achèterai (　　　) pommes, (　　　) lait et (　　　) confiture.
私はりんご，牛乳，そしてジャムを買いますよ．

❹ Tu as mauvaise mine. Qu'est-ce que tu as ?
— J'ai mal à (　　　) tête et j'ai (　　　) fièvre. Je vais aller chez (　　　)
médecin.
顔色が悪いよ，どうしたの？ ― 頭痛がして，熱があるんだ．医者に（診てもらいに）行ってくるよ．

❺ Certains Parisiens prennent (　　　) Vélib' pour aller au travail.
仕事へ行くのに，ヴェリブ（パリ市が管理・運営しているシェア・サイクル）に乗るパリジャンもいます．

❻ Vous avez (　　　) fils si gentil ! Vous avez (　　　) chance.
こんなに親切な息子さんがいらっしゃるのですね！あなたは幸せ者ですね．

❼ Tu as visité (　　　) Mont Saint-Michel ? Alors, tu as goûté (　　　) fameuse
omelette ? モン・サン＝ミシェルを訪れたの？それでは，あの有名なオムレツを味わったのね？

❽ J'ai (　　　) ami qui parle français, anglais, chinois et japonais.
フランス語，英語，中国語，日本語を話す友達がいるんだ．

2 日本語に合うように [　] 内の単語を並べ替え，文頭は大文字にして，適切な文にしなさい．

❶ きみはどのTシャツを購入しようと思っているの？ ―こっちの（Tシャツ）を購入しようと
思っているんだ．
Tu vas acheter quel T-shirt ? — [je / celui-là / prendre / vais / que / pense / je].
→ —　...

❷ デザートを食べたい方は，少しだけ多く払う必要があります．
[veulent / dessert / devront / prendre / qui / ceux / payer / un] un peu plus.
→　...

❸ 気に入っているのを取って！　　　　[ce / prends / plaît / te / qui] !
→　...

LEÇON 12

La cuisine japonaise
和食

・疑問代名詞 / 関係代名詞 dont
Les pronoms interrogatifs / Le pronom relatif *dont*

076 **Conversation modèle**

Takuya prépare un repas japonais pour sa famille d'accueil.

Mme Berger : Takuya, tu es sûr que tu n'as pas besoin d'aide[*1] ?

Takuya : Oui, absolument sûr ! Ce soir, c'est moi qui m'occupe de tout. Repose-toi. Tu peux regarder la télé, par exemple. Je t'appellerai quand tout sera prêt.

Mme Berger : Mais… Je suis curieuse[*2]. Je voudrais voir comment tu prépares des plats japonais.

Takuya : D'accord, je vais te montrer. Je vais d'abord faire des makis. Pour ça, on utilise des « nori ».

Mme Berger : Les « nori »… Ce sont bien les feuilles d'algue[*3] dont tu m'as parlé hier ?

Takuya : Oui, c'est ça. Et ça, c'est la sauce pour le tempura.

Mme Berger : Le tempura ? J'adore ça ! Et cette pâte « brun-rouge »[*4], qu'est-ce que c'est ?

Takuya : Ça, c'est de la pâte[*5] de haricot rouge. On dit « anko » en japonais. Je vais l'utiliser pour le dessert.

Mme Berger : Mmm… Ça me donne faim !

*1 as besoin d' > avoir besoin de 〜 〜を必要とする
*2 curieuse > curieux 興味がある
*3 feuilles > feuille d'algue 囡 （シート状の板）海苔
*4 brun-rouge 赤褐色（せっかっしょく）の
*5 pâte 囡 ペースト

077 **Vocabulaire**　和食にまつわる単語・表現

☐ 醤油 sauce soja 囡　☐ 味噌汁 soupe miso 囡　☐ ご飯 riz (cuit) 男　☐ 箸 baguettes 囡 複
☐ 刺身 poisson cru 男　☐ 寿司 sushis 男 複　☐ 蕎麦 sobas 男 複 /nouilles de sarrasin 囡 複
☐ ラーメン ramens 男 複 /soupe de nouilles 囡　☐ 抹茶アイス glace au matcha 囡 /glace au thé vert 囡

 GRAMMAIRE

疑問代名詞

	主語	直接目的補語 / 属詞	前置詞の後
誰	**Qui** 〜 ? **Qui** *est-ce qui* 〜 ?	主語＋動詞＋ **qui** ? **Qui** *est-ce que* ＋主語＋動詞 ? **Qui** ＋動詞「-」（トレ・デュニオン）＋主語 ?	前置詞＋ **qui** ?
何	**Qu'**est-ce qui 〜 ?	主語＋動詞＋ **quoi** ? **Qu'**est-ce que ＋主語＋動詞 ? **Que** ＋動詞「-」（トレ・デュニオン）＋主語 ?	前置詞＋ **quoi** ?

主語を尋ねる場合

078
① Qui (est-ce qui) ＋動詞 ?　　*Qui* vient avec moi ?　　誰が私と一緒に来（れ）ますか？
② Qu'est-ce qui ＋動詞 ?　　*Qu'est-ce qui* se passe ?　何が起きているの？

🐓 「何が〜？」と尋ねる場合は Qu'est-ce qui ＋動詞？となり，Que ＋動詞？という構文はない.

🐓 qu' は que がエリジョンした形で，qui はエリジョンしない.

直接目的補語を尋ねる場合

079
① 主語＋動詞＋ qui ?　　Vous verrez *qui* ce soir ?　　今晩，どなたにお会いになるのですか？
② 主語＋動詞＋ quoi ?　　Il t'a demandé *quoi* ?　　　彼は何をきみに要求してきたんだ？
③ Qui est-ce que ＋主語＋動詞 ?　　*Qui est-ce que* vous verrez ce soir ?
④ Qu'est-ce que ＋主語＋動詞 ?　　*Qu'est-ce qu'*il t'a demandé ?
⑤ Qui ＋動詞「-」（トレ・デュニオン）＋主語 ? *Qui* verrez-vous ce soir ?
⑥ Que ＋動詞「-」（トレ・デュニオン）＋主語 ?　　*Que* t'a-t-il demandé ?

🐓 文末に que が置かれた場合や前置詞の後は，強勢形の quoi が用いられる.

De quoi parlez-vous ?　何について話しているのですか？

関係代名詞 dont

de ＋先行詞 を関係代名詞の dont にして，2つの文を1つにします.

080
Le projet est très intéressant. Il nous a parlé *de ce projet*. → Le projet *dont* il nous a parlé est très intéressant.　彼が私達に話したプロジェクトは，とても興味深い.

J'ai *un ami*. Le père *de cet ami* travaille à Disneyland Paris. → J'ai un ami *dont* le père travaille à Disneyland Paris.
私には，父親がディズニーランド・パリで働いているという友達がいます.

☐ 緑茶 thé vert 男　☐ 酒 saké 男　☐ 照り焼きダレ sauce teriyaki 女
☐ 肉じゃが viande avec des pommes de terre 女
☐ 餃子 gyozas 男 複 / raviolis chinois à la japonaise 男 複　☐ 餅 mochi 男 /gâteau de riz gluant 男
☐ 出汁 dashi 男 / bouillon clair 男　☐ 昆布 kombu 男 / algues séchées 女 複
☐ かつお節 katsuobushi 男 / copeaux de bonite séchée 男 複　☐ 味噌 miso 男 / pâte de soja fermentée 女

❧ CONJUGAISONS ❧

voir（現在分詞 voyant ／ 過去分詞 vu）

081

現在

je **vois**	nous **voyons**
tu **vois**	vous **voyez**
il **voit**	ils **voient**

単純未来

je **verrai**	nous **verrons**
tu **verras**	vous **verrez**
il **verra**	ils **verront**

半過去

je **voyais**	nous **voyions**
tu **voyais**	vous **voyiez**
il **voyait**	ils **voyaient**

複合過去

j'**ai vu**	nous **avons vu**
tu **as vu**	vous **avez vu**
il **a vu**	ils **ont vu**

命令法

vois

voyons

voyez

Tu *vois* ce bâtiment blanc là-bas ?	あそこの白い建物が見える？
J'*ai vu* un film français.	フランス映画を見ました．
Nous *nous verrons* samedi.	（今週の）土曜日にお会いしましょう．

Civilisation フランスにおける和食需要

　日本では高級なイメージを持つフランス料理ですが，フランスでも和食は高級料理というイメージがあります．寿司や天ぷらはフランスの和食レストランでも大人気のメニューですが，当然ながら日本と比べて割高です．また，本格蕎麦のレストランもパリで不動の人気を博しています．いっぽう焼き鳥は，手頃な価格で提供する店が多く，庶民に親しまれています．最近ではラーメンや餃子，いなり寿司などのメニューも人気で，専門店が出店するほどです．日本のように行列を作ってまでレストランを待つことの少ないフランスでも，ラーメン店の前には長蛇の行列ができることもあります．

　また和菓子や日本酒も一部のフランス人には人気で，老舗の虎屋は1980年以来パリに支店をかまえ，パリジャン・パリジェンヌに愛されています．日本酒もフランス人シェフから高く評価され，高級店で取り扱われるようになりました．さらに最近話題になっているのは神戸牛などの日本のブランド牛です．牛肉そのものの旨味を好むとされるフランスの食卓では，ステーキ肉は歯ごたえのある硬い牛肉が食されていましたが，霜降り肉の旨味が評価されるようになった昨今では，ステーキ専門店でも神戸牛が取り扱われるようになりました．

❧ EXERCICES ❧

1 日本語に合うように，（ ）内に適切な疑問代名詞を記入しなさい．

❶ ( ) cherchez-vous ? 誰をお探しですか？

❷ Tu cherches ( ) ? 何を探しているの？

❸ ( ) est-ce ( ) vient avec nous ? 僕達と一緒に来るのは誰ですか？

❹ Avec ( ) avez-vous rendez-vous ? 誰と待ち合わせをしていますか？

❺ ( ) est-ce ( ) c'est ? それは何ですか？

❻ C'est ( ) ? それは，誰ですか？

❼ ( ) est-ce ( ) tu aimes ? 何が好きなの？

❽ ( ) est-ce ( ) me cherche ? 誰が私のことを探しているのですか？

❾ ( ) est-ce ( ) ne va pas ? 何が上手くいっていないのですか？

❿ ( ) viendra chez nous ce week-end ? 今週末，誰がうちに来るの？

2 日本語に合うように [ ] 内の単語を並べ替え，文頭は大文字にして，適切な文にしなさい．

❶ これがね，ラストが本当に予想外の本なんだよ．

[voici / est / un / inattendue / dont / la / livre / fin / vraiment].

→ ....

❷ 母には，息子さんが映画俳優をしている友達がいます．

[ma / une / a / amie / dont / le / cinéma / fils / est / acteur / mère / de].

→ ....

❸ 皆が話題にしているフランソワ・オゾンのその映画を見に行きましょう．

[allons / dont / voir / ce / le / tout / film / de / François Ozon / parle / monde].

→ ....

LEÇON 13

Les fêtes
パーティー

- 形容詞
  Les adjectifs

082 **Conversation modèle**

Les Roche ont invité Anne et Georges à dîner. Ils leur présentent Mika.

M. Roche : Bonjour Anne. Comment ça va ? Bonjour Georges. Merci d'être venus. Je vous présente Mika. C'est une étudiante japonaise qui étudie le français à l'université d'Orléans. Elle est chez nous pour un mois. Elle est très sympa et son français est excellent !

Georges : Bonjour Mika. Je m'appelle Georges Petit. Paul et Isabelle nous ont beaucoup parlé de vous. Ma femme, Anne, est la sœur de Paul. Et donc moi, je suis son beau-frère.

Mika : Bonjour Georges. Bonjour Anne. Enchantée.

Anne : Ça se passe bien, votre séjour en France ?

Mika : Oui, c'est super ! Paul et Isabelle sont très gentils avec moi. Chaque week-end, ils organisent une sortie[*1] pour moi, une promenade ou une visite de château par exemple. J'ai vraiment de la chance.

M. Roche : On va s'installer[*2] sur la terrasse pour prendre l'apéritif. [...] Tout le monde est servi[*3] ? Alors... Mika... À votre séjour en France !

Tous *(sauf Mika)* : À votre séjour en France !

Mika : Oh... Merci !

*1   sortie 女 外出   *3   servi > servir ~（飲み物や食べ物を）振るまう・給仕する
*2   s'installer 座る

083 **Vocabulaire**   ホームパーティーにまつわる表現

☐ ご招待をありがとう．Merci de m'avoir invité(e).   ☐ おかけください（ね）．Installez-vous. / Installe-toi.
☐ プレゼントを持って来ました．J'ai apporté un cadeau pour vous [toi].
☐ 有難う，ご親切に．Merci, c'est gentil de votre [ta] part.
☐ お飲み物は，何にしますか（何にする）？ Qu'est-ce que vous voulez [tu veux] boire ?
☐ アルコールは飲めません．Je ne bois pas d'alcool.   ☐ 乾杯！À votre [ta] santé !

❧ GRAMMAIRE ❧

▶ 形容詞

084

	男性	女性
単数	intelligent	intelligent*e*
複数	intelligent*s*	intelligent*es*

❶ 主語を修飾する場合 : *Elles* sont intelligent*es*.　　　彼女達は頭がいいです.

❷ 名詞を修飾する場合 : C'est une *voiture* américain*e*.　　　それはアメリカ製の車です.

次の形容詞は，例外的に名詞の前に置かれます

085

bon(ne) 良い / **mauvais(e)** 悪い / **petit(e)** 小さい・背が低い / **grand(e)** 大きい・背が高い /
jeune 若い / **vieux [vieille]** 年を取った・古い / **nouveau [nouvelle]** 新しい / **beau [belle]** 美しい

一般的に「大きい・小さい」など程度を表す形容詞や，「良い・悪い」などの主観的な意味を持つ形容詞が名詞の前に置かれます.

　　C'est un *petit* restaurant.　　　　それは小さなレストランです.

　　C'est une *grande* table.　　　　それは大きなテーブルです.

　　Ce sont de *jeunes* artistes *japonais*.　　日本人の若いアーティスト達です.

　🐔 名詞の前に形容詞が置かれた場合，不定冠詞複数形の des は de となります.

特殊な変化をする形容詞

086 ❶ 女性形が特殊な変化をする形容詞 :

　　・-er → ère : étrang**er** → étrang**ère** / prem**ier** → prem**ière**

　　・-eur → euse : rêv**eur** → rêv**euse**　　・-teur → trice : protec**teur** → protec**trice**

　　・-eux-euse : heur**eux** → heur**euse** / coût**eux** → coût**euse**

　　・-en → -enne : ital**ien** → ital**ienne**　　・-f → -ve : positi**f** → positi**ve** / acti**f** → acti**ve**

　　・-et → -ette : n**et** → n**ette**　　または -et → -ète : compl**et** → compl**ète**

087 ❷ 複数形が特殊な変化をする形容詞 :

　　amic**al** → amic**aux** / loc**al** → loc**aux** / origin**al** → origin**aux**

　　🐔 注意 : final → final**s** / banal → banal**s**

088 ❸ 男性単数第 2 形を持つ形容詞 :

男性単数形	男性単数第 2 形	女性単数形	男性複数形	女性複数形
beau	bel	belle	beaux	belles
nouveau	nouvel	nouvelle	nouveaux	nouvelles
vieux	vieil	vieille	vieux	vieilles

❧ CONJUGAISONS ❧

mettre（現在分詞 mettant / 過去分詞 mis）

現在

je **mets**	nous **mettons**
tu **mets**	vous **mettez**
il **met**	ils **mettent**

単純未来

je **mettrai**	nous **mettrons**
tu **mettras**	vous **mettrez**
il **mettra**	ils **mettront**

半過去

je **mettais**	nous **mettions**
tu **mettais**	vous **mettiez**
il **mettait**	ils **mettaient**

複合過去

j'ai **mis**	nous **avons mis**
tu **as mis**	vous **avez mis**
il **a mis**	ils **ont mis**

命令法

mets

mettons

mettez

Je ne vois rien si je ne *mets* pas de lunettes. 　眼鏡をかけないと，何も見えません．

Comme il faisait froid, j'*ai mis* mon manteau. 　寒かったので，コートを着ました．

À cause des embouteillages, nous *avons mis* cinq heures pour venir ici.

渋滞のせいで，ここへ来るまでに5時間もかかりました．

Mettez ce paquet sur la table, s'il vous plaît. 　その小包をテーブルの上にどうぞ置いてください．

Civilisation　　フランスのホームパーティー

　日本では人と食事をするときはレストランで外食をすることが多いかもしれませんが，フランスでは人を自宅に招いたり，招かれたりして食事を共にすることが多いです．家庭にもよりますが，食事の時間は5〜6時間にも及ぶことがあり，食事を味わうというよりは，食事を介してお喋りをしながら共に楽しいひと時を過ごすことが主たる目的となります．クリスマスやお祝いの席以外では，高級な食材よりも旬の素材や地元で採れた食材を使って，時間と手間をかけた手料理を振るまいます．春を告げるシンボルであるホワイト・アスパラガスの自家製マヨネーズがけ，初夏にはトマトのファルシ（tomates farcies / くり抜いたトマトに挽肉などを詰めたもの），寒い季節にはコッコ・ヴァン（coq au vin / 鶏肉の赤ワイン煮），海に近い地域であればブイヤベースなど，平日では時間がかかって作れないような料理を朝から仕込んで，週末に人を招くのです．とは言え，忙しい生活を送る人々には5〜6時間も時間をかけられないこともあります．そんなときはアペリティフ（apéritif）と言って，スナックをつまみながらワインやビールなどのアルコール飲料かフルーツジュースやコーラなどのソフトドリンクで，夕食前のひと時を楽しみます．

❧ EXERCICES ❧

1 （　）内の形容詞を適切な形にしなさい.

❶ C'est un film (intéressant).　それは面白い映画です.

❷ Ils sont (grand).　彼らは背が高いです.

❸ Elle est (courageux).　彼女は勇敢です.

❹ Nous allons visiter l'(ancien) hôtel de ville demain.　私達は明日，旧市庁舎を訪問します.

❺ C'est une (vieux) cathédrale gothique.　これはゴシック式の古い大聖堂です.

❻ C'est une cravate (italien).　それはイタリア製のネクタイです.

2 日本語に合うように単語を並べ替え，文頭は大文字にして，適切な文にしなさい.

❶ これらは良い文法の本です.　　　　[sont / bons / ce / grammaire / de / livres / de].

　→

❷ 彼の叔父は，アメリカの大手企業に勤めています.

[entreprise / oncle / dans / américaine / travaille / une / son / grande].

　→

❸ 駅前に，新しい和食店がありますよ.

Devant la gare, [y / un / il / restaurant / a / nouveau / japonais].

　→

❹ 兄は小さな白い車を購入しました.

[frère / a / voiture / une / petite / mon / acheté / blanche / grand].

　→

❺ 美しいフランスの曲を聞いてみましょう.

[écouter / française / une / belle / allons / nous / chanson].

　→

❻ あの大きくて近代的な塔が見える？ Tu [cette / tour / grande / vois / moderne] ?

　→

LEÇON 14

L'achat d'un billet de train
切符の購入

- 比較級と最上級 / 疑問形容詞
  Le comparatif et le superlatif / Les adjectifs interrogatifs

090 **Conversation modèle**

Shun parle de son projet de petit voyage à Paris avec madame Roy.

Shun : Je vais visiter Paris le week-end prochain !

Mme Roy : Ça te dirait d'y aller avec nous en voiture ?

Shun : C'est très gentil, mais ce n'est pas la peine. Je vais y aller avec des amis. On va prendre le train, je pense que c'est le plus simple.

Mme Roy : Ah, d'accord. Le plus pratique, c'est d'acheter les billets sur Internet.

Shun : Bonne idée. Je vais essayer avec l'application SNCF sur mon smartphone. Est-ce que tu peux me montrer comment on fait ?

Mme Roy : Bien sûr. Alors… Ici, tu tapes[*1] le nom de la gare de départ, Orléans. Et là, le nom de la gare de destination. C'est la gare d'Austerlitz, à Paris.

Shun : OK. L'application me propose plusieurs horaires.

Mme Roy : Tu veux partir vers quelle heure ?

Shun : Vers neuf heures. Oh… Les tarifs[*2] sont très différents. Pourquoi ?

Mme Roy : En général, les trains aux heures de pointe[*3] sont les plus chers.

*1 tapes > taper（画面を）タッチする
*2 tarifs > tarif 男 料金
*3 heures > heure de pointe 女 ラッシュアワー

091 **Vocabulaire** 観光旅行にまつわる単語・表現

☐ 地下鉄 métro 男 ☐ 路面電車 tram 男 / tramway 男 ☐ パリの地図 plan de Paris 男
☐ パリの地下鉄路線図 plan du métro de Paris 男 ☐ ガイドブック guide 男
☐ 学生割引 réduction pour les étudiants 女 ☐ ルーヴル美術館 musée du Louvre 男
☐ オルセー美術館 musée d'Orsay 男 ☐ エッフェル塔 tour Eiffel 女 ☐ 凱旋門 Arc de triomphe 男
☐ ヴェルサイユ宮殿 château de Versailles 男 ☐ ブルターニュ地方への旅行 voyage en Bretagne 男
☐ 南仏でバカンスを過ごす passer *ses* vacances dans le Midi

❧ GRAMMAIRE ❧

▌比較級

優等比較の場合は plus を，同等比較の場合は aussi を，劣等比較の場合は moins を形容詞や副詞の前に置きます．

092 Camille est [*plus* / *aussi* / *moins*] gentille *que* Charlotte.
カミーユはシャルロット［よりも親切です / と同じくらい親切です / ほど親切ではありません］．

Théo court [*plus* / *aussi* / *moins*] vite *que* Jules.
テオはジュール［よりも速く / と同じくらい速く / より遅く］走ります．

▌最上級

093 ❶ 形容詞：優等最上級の場合は ⎡[le / la / les] + plus⎤ を，劣等最上級の場合は ⎡[le / la / les] + moins⎤ を形容詞の前に置きます．「～の中で」という意味の前置詞には de を用います．

Lucas est le [*plus* / *moins*] grand *de* la classe.　リュカはクラスの中で最も背が［高い / 低い］．

❷ 副詞：定冠詞には le を用い，優等最上級では le plus となり，劣等最上級では le moins となります．

C'est Alice qui se couche le [*plus* / *moins*] tard *de* la famille.
家族の中で，最も［遅く / 早く］就寝するのはアリスです．

▌特殊な比較級・最上級

形容詞の bon や副詞の bien は優等比較級・最上級で特殊な変化をしますが，同等・劣等比較級や劣等最上級では形は変わりません．最上級が用いられた文では，強調構文になることがよくあります．

094 ❶ bon(ne)

より良い	同じくらい良い	～ほどは良くない	最も良い	最も悪い
meilleur(e)(s)	aussi bon(ne)(s)	moins bon(ne)(s)	[le / la / les] meilleur(e)(s)	[le / la / les] moins bon(ne)(s)

❷ bien

より上手に	同じくらい上手に	～よりは下手に	最も上手に	最も下手に
mieux	aussi bien	moins bien	le mieux	le moins bien

En informatique, elle est *meilleure* que moi.
IT 分野では，彼女のほうが私よりも優秀です．

Gabriel joue *mieux* au foot qu'Arthur.　ガブリエルはアルチュールよりもサッカーが上手です．

C'est Léa qui est *la meilleure* en mathématiques de nous tous.
私達全員の中で，数学が最もできるのはレアです．

▌疑問形容詞

095

	男性	女性
単数	quel	quelle
複数	quels	quelles

Tu as *quel* âge ？　— J'ai vingt ans.
きみは何歳なの？　— 20歳よ．

Vous êtes en *quelle* année ？　— Moi, je suis en deuxième année. Lui, il est en première année.　あなた方は何年生ですか？　— 僕が2年生で，彼が1年生です．

❧ CONJUGAISONS ❧

partir（現在分詞 partant / 過去分詞 parti）

 096

現在

je **pars**	nous **partons**
tu **pars**	vous **partez**
il **part**	ils **partent**

単純未来

je **partirai**	nous **partirons**
tu **partiras**	vous **partirez**
il **partira**	ils **partiront**

半過去

je **partais**	nous **partions**
tu **partais**	vous **partiez**
il **partait**	ils **partaient**

複合過去

je **suis parti(e)**	nous **sommes parti(e)s**
tu **es parti(e)**	vous **êtes parti(e)(s)**
il **est parti**	ils **sont partis**
elle **est partie**	elles **sont parties**

条件法現在

je **partirais**	nous **partirions**
tu **partirais**	vous **partiriez**
il **partirait**	ils **partiraient**

接続法現在

je **parte**	nous **partions**
tu **partes**	vous **partiez**
il **parte**	ils **partent**

命令法

pars

partons

partez

Vous *partez* déjà ?　　もう帰られるのですか？

Notre fille *partira* pour la France le mois prochain.
娘は来月フランスへ出発します．

Tout le monde *est parti*.　　皆出かけました．

Civilisation　　フランスの鉄道　

　フランス国内を旅するには，高速鉄道の TGV を利用するのが一般的です．パリを起点としてフランスの各地まで TGV が通っており，移動時間も年々短縮されています．自家用車での旅行を好むフランス人も多いですが，留学生にとっては，割引プランの多い TGV が手頃で，本数も多く便利です．コロナ禍には TGV を患者の搬送手段として使っていたことを，ご存知の方もいるでしょう．TGV のチケットは，SNCF（フランス国有鉄道）の窓口等で購入することもできますが，事前にインターネットで日本からも購入できます．

　同じ区間を走る TGV であっても，繁忙期や利用客の多い時間帯には料金が高くなり，閑散期や利用客の少ない時間帯には料金が安くなります．

❧ EXERCICES ❧

1 比較級の文になるように，（　）内に適切なフランス語を記入しなさい.

❶ La tour Montparnasse est (　　　) haute (　　　) la tour Eiffel.
モンパルナス・タワーはエッフェル塔よりも低いです.

❷ Il est (　　　) facile d'aller à la piscine municipale en bus (　　　) en métro.
市民プールへ行くには地下鉄と同じくらいバスも簡単です.

❸ Hanako est (　　　) (　　　) moi en français.
フランス語は私よりも花子が優秀です.

❹ Le couscous va (　　　) avec le vin rosé (　　　) avec le vin rouge.
クスクスは赤ワインよりもロゼ（ワイン）の方が合います.

2 最上級の文になるように，（　）内に適切なフランス語を記入しなさい.

❶ La cathédrale est (　　　) (　　　) vieux bâtiment de la région.
大聖堂はこの地方で最も古い建物です.

❷ C'est mon petit frère qui se lève (　　　) (　　　) tôt (　　　) la famille.
家族の中で最も起きるのが早いのは弟です.

❸ C'est moi qui joue (　　　) (　　　) (　　　) du piano (　　　) nous tous.
私達皆の中で最もピアノが下手なのは私です.

❹ Je trouve que ce gâteau est (　　　) (　　　) de tous.
全てのなかでこのケーキが最も美味しいと思います.

3 日本語に合うように，（　）内に適切な疑問形容詞を記入しなさい.

❶ Vos parents ont (　　　) âge ?　あなたのご両親は何歳ですか？

❷ Ta grande sœur, elle est en (　　　) année ?　きみのお姉さんは何年生なの？

❸ Votre navette arrive à l'aéroport à (　　　) heure ?
あなた方のシャトルバスは何時に空港に到着するのですか？

❹ (　　　) est ton numéro de téléphone ?　きみの電話番号は何番？

❺ (　　　) est votre saison préférée ?　あなたの（1番）好きな季節はどれですか？

La déclaration de vol

盗難被害届

- 半過去 / 所有代名詞
  L'imparfait / Les pronoms possessifs

097 **Conversation modèle**

Mami va faire une déclaration de vol au commissariat de police[*1].

L'agent de police[*2] : Asseyez-vous. [...]Alors, qu'est-ce qui s'est passé ?

Mami : On m'a volé mon portefeuille[*3] hier soir. Je pense que c'était dans le bus. Il y avait beaucoup de monde.

L'agent de police : C'était à quelle heure ?

Mami : C'était vers dix-neuf heures, je crois.

L'agent de police : D'accord... C'était sur quelle ligne[*4] ?

Mami : La ligne 5, direction Semoy. Quand je suis montée dans le bus à l'arrêt Olivet, mon sac était bien fermé, j'en suis sûre. Cinq minutes plus tard, une dame m'a demandé l'heure. Comme je n'avais pas de montre, j'ai voulu prendre mon téléphone portable qui était dans mon sac. Et là, j'ai réalisé[*5] qu'il était ouvert. Et mon portefeuille avait disparu[*6].

L'agent de police : Il est comment, votre portefeuille ?

Mami : Il est petit, en cuir noir. Heureusement, il n'y avait pas grand-chose dedans.

L'agent de police : D'accord. C'est bien noté. Voici la déclaration de vol de votre portefeuille. Signez ici, s'il vous plaît. Nous vous contacterons si nous avons du nouveau[*7].

- [*1] commissariat de police 男 警察署
- [*2] agent de police 男 警官. 女性警官の場合は agente de police となる.
- [*3] portefeuille 男 財布
- [*4] ligne 女 （バスの）番線
- [*5] réalisé > réaliser 〜に気づく
- [*6] disparu > disparaître 消える・なくなる
- [*7] du nouveau 男 新事実

098 **Vocabulaire** 盗難にまつわる単語・表現

☐ お金 argent 男 ☐ 小銭 monnaie 女 ☐ キャッシュカード・クレジットカード carte bancaire 女
☐ クレジットカード carte de crédit 女 ☐ 支払い paiement 男 ☐ 決済 règlement 男

❧ GRAMMAIRE ❧

▌半過去

être 以外は，直説法現在の nous の活用から -ons を取ったものを語幹とします．語尾はすべての動詞で共通です．過去のある時点において継続していた行為や状態，過去の習慣などを表現します．従属節中で，時制の一致のために使われることもあります．

099

je –*ais*	nous –*ions*
tu –*ais*	vous –*iez*
il –*ait*	ils –*aient*

avoir	
j'av*ais*	nous av*ions*
tu av*ais*	vous av*iez*
il av*ait*	ils av*aient*

être	
j'ét*ais*	nous ét*ions*
tu ét*ais*	vous ét*iez*
il ét*ait*	ils ét*aient*

Nous *dormions* quand il y a eu le tremblement de terre.
地震が起きたとき，私達は寝ていました．（過去における継続行為）

J'*avais* quinze ans en 2020.　2020年に私は15歳でした．（過去の状態）

Quand nous étions à Orléans, nous *nous promenions* au bord de la Loire le week-end.
オルレアンにいたとき，週末になると私達はロワール川の川岸を散歩したものでした．（過去の習慣）

Hier, Louise nous a dit qu'elle *était* libre.
昨日ルイーズは私達に，暇だと言いました．（時制の一致）

▌所有代名詞

100

	男性単数	女性単数	男性複数	女性複数
私のもの	le mien	la mienne	les miens	les miennes
きみのもの	le tien	la tienne	les tiens	les tiennes
彼（女）のもの	le sien	la sienne	les siens	les siennes
私達のもの	le nôtre	la nôtre	les nôtres	
きみ達／あなた（方）のもの	le vôtre	la vôtre	les vôtres	
彼（女）らのもの	le leur	la leur	les leurs	

Ma note est moins bonne que *la tienne*.　僕の点数は，きみのよりも悪いよ．

Le sac de Marianne est aussi lourd que *le mien*.
マリアンヌのかばんは，僕のと同じくらい重いです．

Ses photos sont plus jolies que *les nôtres*.　彼女の写真は，私達のよりもきれいです．

Ce sont mes manuels. *Les tiens* sont là.　そっちは僕の教科書だよ．きみのはあっちだよ．

☐ 保険会社 compagnie d'assurance 女　☐ 払い戻し remboursement 男　☐ 証明証 attestation 女
☐ スリ pickpocket 男　☐ 泥棒 voleur 男 /voleuse 女
☐ スキミング skimming 男 / clonage de carte bancaire 男　☐ ATM distributeur automatique de billets 男
☐ お金を引き出す retirer de l'argent

vouloir（現在分詞 **voulant** / 過去分詞 **voulu**）

101

現在

je **veux**	nous **voulons**
tu **veux**	vous **voulez**
il **veut**	ils **veulent**

単純未来

je **voudrai**	nous **voudrons**
tu **voudras**	vous **voudrez**
il **voudra**	ils **voudront**

半過去

je **voulais**	nous **voulions**
tu **voulais**	vous **vouliez**
il **voulait**	ils **voulaient**

複合過去

j'ai **voulu**	nous avons **voulu**
tu as **voulu**	vous avez **voulu**
il a **voulu**	ils ont **voulu**

条件法現在

je **voudrais**	nous **voudrions**
tu **voudrais**	vous **voudriez**
il **voudrait**	ils **voudraient**

接続法現在

je **veuille**	nous **voulions**
tu **veuilles**	vous **vouliez**
il **veuille**	ils **veuillent**

Je *voudrais* un chocolat chaud, s'il vous plaît.

ホットココアを頂きたいのですが．

Elle *a* toujours *voulu* visiter le château de Chenonceau.

彼女はずっとシュノンソー城を訪れたいと思っていました．

Civilisation フランスの治安

　日本は安全な国と言われていますが，フランスではスリも多く，夜間の外出は危険な事件に巻き込まれてしまうこともあり，注意が必要です．とりわけ外国人観光客は狙われることが多く，フランスの滞在が長くなったとしても，フランス国内旅行をする際はパスポートなどの貴重品を持ち歩くことになるので，用心を怠らないようにしましょう．

　万が一盗難に遭ってしまった場合は，フランス国内の警察署に出向いて盗難被害を申告し，盗難届の証明書を作成してもらいます．留学をしている地方の町からパリへ旅行した際に盗難被害に遭ってしまった場合は，後日，地方に戻ってから警察署に出向いても，盗難被害を申告することができます．盗難被害をカバーしてくれる保険に加入していれば，フランスの警察署が発行した証明書を提出することで，被害額が保険会社から支給されます．残念ながら，現金の盗難は多くの場合，保険適用外になります．とりわけスマートフォンを狙ったスリ被害が多いので，注意してください．

❧ EXERCICES ❧

1 （　）内の不定詞を適切な半過去に活用させなさい．

❶ Notre fils (avoir) dix ans en 2022.

....

❷ Elle (être) à Paris il y a deux ans.

....

❸ Vous (discuter) tout le temps ensemble.

....

❹ Tu ne (savoir) pas qu'il (faire) ses études à Londres ?

....

❺ Quand je suis rentrée chez moi, mes parents (regarder) la télé.

....

❻ Olivier m'a dit qu'il (travailler) dans un hôtel.

....

❼ Quand j'(habiter) à Nice, je (se promener) au bord de la mer le matin.

....

❽ Tout le monde (danser) quand je suis arrivée à la fête chez Alexandre.

....

❾ Nous ne (pouvoir) pas prévoir l'annulation de notre vol.

....

❿ Je (lire) un livre dans un café quand j'(avoir) du temps.

....

2 日本語に合うように，（　）内に適切な定冠詞と所有代名詞を記入しなさい．

❶ Mon sac est aussi solide que (　　　　) (　　　　).
僕のかばんはきみのと同じくらい丈夫だよ．

❷ Son professeur a l'air moins sévère que (　　　　) (　　　　).
彼女の先生は，私達（の先生）よりも厳しくないみたいだ．

❸ Mon portable est d'un modèle plus ancien que (　　　　) (　　　　).
私の携帯は，あなたのよりも古い機種です．

❹ Sa maison n'est pas aussi grande que (　　　　) (　　　　).
彼の家はきみのほど大きくないです．

❺ Notre voiture est une voiture électrique. Et (　　　　) (　　　　) ?
私達の車は電気自動車です．それで，あなたのは？

Présenter la culture japonaise
日本文化紹介

・関係代名詞 que と où
Les pronoms relatifs *que* et *où*

102 **Conversation modèle**

Mona et ses camarades japonais sont invités dans un lycée de la région.

M. Gauthier : Aujourd'hui, nous avons le plaisir d'accueillir un groupe d'étudiants japonais qui vont passer l'après-midi avec nous. Je laisse la parole à[*1] Mona Saito. Mona, c'est à vous.

Mona : Merci monsieur Gauthier. Bonjour à tous. Nous vous remercions de nous accueillir si gentiment[*2]. Nous sommes étudiants dans une université qui se trouve[*3] à Tokyo. Nous passons un mois à l'université d'Orléans pour suivre un stage intensif[*4] de français. Nous allons vous présenter un petit exposé[*5] sur la culture japonaise. Monsieur Gauthier, pourriez-vous ouvrir le fichier PowerPoint[*6] sur votre ordinateur, s'il vous plaît ?

M. Gauthier : Oui, tout de suite. [...] Encore quelques secondes. [...] Voilà !

Mona : Merci. Voici la carte du Japon. Comme vous le voyez, ici, c'est la ville de Tokyo où se trouve notre université. Nous avons aussi un autre campus dans la préfecture de Saitama.

*1 laisse > laisser la parole à ～ ～に発言を回す
*2 gentiment 親切にも
*3 se trouve > se trouver ～にある・位置する
*4 intensif 集中的な・インテンシヴの
*5 exposé 男 プレゼン・発表
*6 fichier PowerPoint 男 パワーポイントのファイル

103 **Vocabulaire** 日本文化にまつわる単語・表現

☐ 書道 calligraphie 女 ☐ 生け花 ikebana 男 / arrangement floral japonais 男
☐ 神道 shinto 男 / shintoïsme 男 ☐ 仏教 bouddhisme 男 ☐ 禅 zen 男 ☐ 日本映画 cinéma japonais 男
☐ 漫画 manga 男 / bande dessinée japonaise 女 ☐ アニメ dessin animé 男
☐ 一般的に，家の中で靴を脱ぐ．En général, on retire ses chaussures à l'intérieur de la maison.
☐ 着物 kimono 男 / vêtement traditionnel japonais 男 ☐ 富士山 mont Fuji 男
☐ 桜（の木）cerisier (du Japon) 男 ☐ 花見をする admirer les cerisiers en fleur
☐ 入学式（＊フランスには日本のような入学式はない）cérémonie d'entrée 女

❧ GRAMMAIRE ❧

▶ 関係代名詞 que

関係節の中で，直接目的補語となる語句を関係代名詞にする場合に用いられます．

104 Je lirai *le livre*. Tu m'as recommandé *ce livre*. → Je lirai le livre *que* tu m'as recommandé. きみが僕に勧めてくれた本を読んでみるよ．

Tu veux voir *les photos* ? J'ai pris *ces photos* pendant mes vacances en Italie. → Tu veux voir les photos *que* j'ai pris*es* pendant mes vacances en Italie ?
私がイタリアでのバカンス中に撮った写真を見たい？

🐔 他動詞 prendre の過去分詞である pris は，直接目的補語の ces photos が関係代名詞により動詞の前に置かれたために，ces photos に性・数を一致させて pris*es* となっている．

Nous allons chanter *la chanson française*. Nous avons appris *cette chanson française* dans le cours de madame Dupré. → Nous allons chanter la chanson française *que* nous avons appris*e* dans le cours de madame Dupré.
デュプレ先生の授業で習ったフランス語の曲を，私達は歌います．

▶ 関係代名詞 où

関係節の中で，副詞（句）となる語句を関係代名詞にする場合に用いられます．

105 Ils vont voir un film *dans un cinéma*. *Dans ce cinéma*, il y a une réduction spéciale le mardi. → Ils vont voir un film dans un cinéma *où* il y a une réduction spéciale le mardi.
彼らは毎週火曜に特別割引のある映画館へ映画を見に行きます．

Voici *la maison*. *Dans cette maison*, Claude Debussy est né en 1862. → Voici la maison *où* Claude Debussy est né en 1862.
こちらが，クロード・ドビュッシーが1862年に生まれた家です．

Je connais *un restaurant de poisson*. *Dans ce restaurant*, on mange bien. → Je connais un restaurant de poisson *où* on mange bien.
魚料理が美味しいレストランを知っています．

Il a commencé à neiger *à ce moment-là*. *À ce moment-là*, je sortais de chez moi. → Il a commencé à neiger au moment *où* je sortais de chez moi.
家から出る瞬間に，雪が降り始めました．

 直接目的補語と過去分詞の性数一致

複合過去の文である J'ai pris des photos. の pris が関係代名詞を用いた文では pris*es* になるように，代名動詞複合過去の場合も，過去分詞に注意する必要があります．たとえば Elles se couchent. を複合過去にすると，Elles se sont couché*es*. となります．直接目的補語である des photos や se が動詞よりも前に置かれたために，過去分詞の性・数を一致させているのです．他方で，間接目的補語が動詞よりも前に置かれた場合，過去分詞の性・数は一致させる必要がありません．Ils se lavent les mains. （「彼らは手を洗う」）のように se が間接目的補語として用いられ，les mains が直接目的補語として用いられる場合は，複合過去では Ils se sont lavé les mains. となります．

pouvoir （現在分詞 pouvant / 過去分詞 pu）

106

現在

je **peux**	nous **pouvons**
tu **peux**	vous **pouvez**
il **peut**	ils **peuvent**

単純未来

je **pourrai**	nous **pourrons**
tu **pourras**	vous **pourrez**
il **pourra**	ils **pourront**

半過去

je **pouvais**	nous **pouvions**
tu **pouvais**	vous **pouviez**
il **pouvait**	ils **pouvaient**

複合過去

j'ai **pu**	nous **avons pu**
tu **as pu**	vous **avez pu**
il **a pu**	ils **ont pu**

条件法現在

je **pourrais**	nous **pourrions**
tu **pourrais**	vous **pourriez**
il **pourrait**	ils **pourraient**

接続法現在

je **puisse**	nous **puissions**
tu **puisses**	vous **puissiez**
il **puisse**	ils **puissent**

Est-ce que nous *pouvons* visiter l'intérieur de ce bâtiment ?

私達がこの建物の内部を訪れることは可能でしょうか？

Tu *as pu* t'inscrire au programme d'échange universitaire ?

きみは大学の交換プログラムに登録できたのかい？

Civilisation 　日本文化の紹介

　　海外へ留学すると，自国文化について尋ねられる機会も多くなり，日本文化を紹介して欲しいと依頼されることもあるでしょう．食を通した文化交流の機会も多くなります．寮生活の場合には，各国の料理を持ち寄ってパーティーを開いたり，ホームステイの場合は和食を作って振るまう機会もあるので，フランス滞在前に何品か練習しておくといいでしょう．フランスのスーパーでお刺身を見つけることは難しいですが，スモークサーモンを使ったお寿司やカリフォルニア巻きなら，フランスでも海苔と醤油以外の具材を調達することができます．醤油は大型スーパーでは入手できるようになりました．また，日本のカレーも好評です．カレーのルー以外の具材は容易に手に入ります．お米も日本米にこだわらなければスーパーで入手できますが，レトルトのご飯を持参すればより簡単に調理することができます．いっぽうフランスで作ることが難しいのがお好み焼きです．というのもフランスのキャベツは長時間煮込まないと硬いままで食べづらく，薄切りの豚肉も手に入りづらいからです．また，ちらし寿司のように甘味と酸味が混じった味付けは，苦手に感じるフランス人も多いです．とはいえ日本料理は全般的にフランスでも人気のため，箸を上手に使って寿司を食べるフランス人も増えました．

❧ EXERCICES ❧

1 日本語に合うように, ( ) 内に関係代名詞 **que** または **où** を記入しなさい.

❶ Je vais prendre le vin rouge ( ) vous nous avez conseillé.
あなたが私達に勧めてくれた赤ワインを頼むことにしましょう.

❷ Tu te souviens du jour ( ) nous avons visité la Sainte-Chapelle ?
私達がサント＝シャペル礼拝堂を訪れた日のことを覚えている？

❸ Ce week-end, mon frère me montrera le village ( ) il habite depuis deux ans. 今週末, 兄が2年前から住んでいる村を, 私に案内してくれる予定です.

❹ Je regarderai le film ( ) tu m'as recommandé.
きみが僕に勧めてくれた映画を見てみるね.

❺ La petite valise ( ) tu m'as offerte me servira beaucoup.
きみが僕にくれた小さなスーツケースは, とても役立つことでしょう.

❻ J'ai rencontré Guillaume au moment ( ) je sortais de la bibliothèque.
図書館から出た瞬間, ギヨームと出くわしました.

2 日本語に合うように, ( ) 内に関係代名詞 **que / qui / dont /où** の中から適切なものを記入しなさい.

❶ Charlotte a un oncle ( ) habite à Montréal.
シャルロットは, モントリオールに住んでいる叔父がいます.

❷ Nous allons voir ce film ( ) tu m'as parlé hier.
昨日きみが話してくれたその映画を, 私達は見に行くでしょう.

❸ J'ai goûté un fromage délicieux ( ) est produit dans cette région.
この地域で製造された美味しいチーズを私は試食しました.

❹ Voulez-vous écouter une chanson ( ) tous les enfants japonais apprennent à l'école ? 日本の子ども達の誰もが学校で習う曲を聞いてみたいですか？

❺ Je ne me rappelle plus le jour ( ) j'ai commencé à travailler.
働き始めた日について, もう思い出せません.

❻ Nous avons une amie ( ) le petit frère étudie à l'École des beaux-arts de Paris. 私達には, パリ国立高等美術学校で勉強をしている弟を持つ友達がいます.

❼ Tu connais Èze, sur la Côte d'Azur ?
— Oui ! C'est un village ( ) il y a un magnifique jardin botanique.
きみはコート・ダジュールにある, エズを知っているかな？ — うん！見事な植物園がある村だよね.

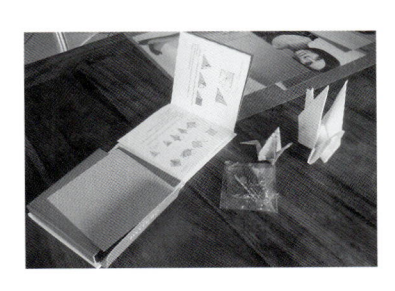

LEÇON 17

Parler de son retour au Japon
日本への帰国について話す

・条件法現在 / 人称代名詞強勢形
Le conditionnel présent / Les pronoms toniques

---

107 **Conversation modèle**

Masaru discute de son retour au Japon avec une étudiante française.

Juliette : Alors, ton retour au Japon, c'est bien dimanche ?

Masaru : Non, non, je prendrai mon vol samedi soir.

Juliette : Ton séjour en France est passé si vite ! C'est dommage que tu ne restes pas plus longtemps.

Masaru : C'est vrai. J'aurais voulu rester encore au moins un mois.

Juliette : En tout cas [*1], on a passé de très bons moments ensemble.

Masaru : J'espère que je pourrai revenir bientôt. Et toi, tu n'aurais pas envie de visiter le Japon un jour ?

Juliette : Si, bien sûr ! C'est mon rêve ! Tu sais, j'ai commencé à apprendre le japonais. Mais le vol coûte [*2] vraiment cher. C'est injuste [*3] que le Japon soit si loin de la France !

Masaru : Oui… Ce serait super d'avoir une « dokodemo doa » ! Tu sais ce que c'est ?

[*1] en tout cas　いずれにしても
[*2] coûte > coûter　費用・コストがかかる
[*3] injuste　不当な・納得できない

---

108 **Vocabulaire** 別れにまつわる単語・表現

☐ 余りに短い trop court　☐ 悲しい triste　☐ きみがいないと寂しくなるよ．Tu me manqueras.
☐ 互いに連絡を取り合いましょう．On restera en contact.　☐ メールを書く écrire un e-mail
☐ お互いに書く s'écrire　☐ WhatsApp で写真を送る envoyer des photos sur WhatsApp
☐ メッセージを送る envoyer un message
☐ Instagram で近況を知らせ合う se donner des nouvelles sur Instagram
☐ （きみの）X（旧ツイッター）をフォローする suivre ton compte X
☐ 〜にメールアドレスを渡す donner son adresse e-mail à 〜
☐ 〜に私から宜しくと伝えてください．Dites bonjour à 〜 de ma part.
☐ きみが泊りたいと思うときに，いつでも（ここに）泊まれるからね．On t'hébergera quand tu voudras.

❧ GRAMMAIRE ❧

▶ 条件法現在

活用の語幹は直説法単純未来と同じです．語尾は r ＋直説法半過去の語尾となります．

109

être	
je se*rais*	nous se*rions*
tu se*rais*	vous se*riez*
il se*rait*	ils se*raient*

❶ 現実と相反する仮定を述べるとき： | Si ＋直説法半過去，条件法現在 |

Si je n'avais pas cette réunion, j'*irais* chez Louis avec vous.
もしこの会議がなかったなら，あなた方と一緒にルイの家へ行けるのに．

Si vous étiez plus nombreux, vous *pourriez* profiter d'une grosse réduction.
もしあなた方がもっと大人数ならば，大幅な割引が受けられるのに．

❷ 語調緩和

Je *voudrais* ce collier, s'il vous plaît.　　このネックレスが欲しいのですが．

Tu *pourrais* me donner un coup de main ?　僕のことを手伝ってくれるかな？

▶ 人称代名詞強勢形

110

主語	je	tu	il	elle	nous	vous	ils	elles
強勢形	moi	toi	lui	elle	nous	vous	eux	elles

人称代名詞の強勢形は，以下のような場合に用いられます．

❶ 主語の強調：*Moi, je* m'appelle Anaïs Gauthier. 私のほうは，アナイス・ゴーティエと申します．

❷ C'est 〜 . の文：Allô, *c'est moi*, Louis.　　　　もしもし，僕だよ，ルイだよ．

❸ 前置詞や比較の que の後で：Après les vacances, nos amis sont rentrés *chez eux*.
　　　　　　　　　　　　　バカンス後に，私達の友達は帰宅しました．

❹ 肯定命令文では me の代わりに moi，te の代わりに toi が用いられる：
Appelez-*moi* ce soir, s'il vous plaît.　　　　　今晩，どうぞ私に電話をください．

❺ et, aussi, non plus とともに慣用的に：
Je n'aime pas les insectes. *Et toi* ?　　— *Moi non plus*.
虫が好きではないんだ．きみは？　— 私もよ．

Je suis content de vous voir !　　— *Moi aussi* !
あなたにお会いできるなんて，嬉しいです．　— 私もです！

savoir（現在分詞 sachant / 過去分詞 su）

⑪

現在		単純未来	
je **sais**	nous **savons**	je **saurai**	nous **saurons**
tu **sais**	vous **savez**	tu **sauras**	vous **saurez**
il **sait**	ils **savent**	il **saura**	ils **sauront**

半過去		複合過去	
je **savais**	nous **savions**	j'ai **su**	nous **avons su**
tu **savais**	vous **saviez**	tu **as su**	vous **avez su**
il **savait**	ils **savaient**	il **a su**	ils **ont su**

条件法現在		接続法現在	
je **saurais**	nous **saurions**	je **sache**	nous **sachions**
tu **saurais**	vous **sauriez**	tu **saches**	vous **sachiez**
il **saurait**	ils **sauraient**	il **sache**	ils **sachent**

Savez-vous que les musées sont gratuits certains dimanches ?

特定の日曜日には，美術館が無料になることをご存知ですか？

Est-ce que tu *sais* qu'il est interdit de prendre des photos ici ?

ここでは写真撮影が禁止されていることをきみは知っているかい？

Après son séjour en Bourgogne, elle *saura* cuisiner le bœuf bourguignon.

ブルゴーニュでの滞在後には，彼女はブッフ・ブルギニョンが料理できるようになるでしょう．

Civilisation　　フランスにおける日本文化熱

　日本文化はフランスでも人気ですが，漫画やアニメの影響で興味を持つ若者がとりわけ多いです．毎年パリでは Japan Expo が開催され，ヨーロッパ中の人々が集う人気イベントとなっています．日本の漫画がフランスに紹介され始めたのは1980年代でしたが，その後90年代になってから人気に火がついたと言われています．漫画を通して現代日本の生活が紹介されたことで，日本に対する古いイメージも一新されました．また，大西洋に近いアングレームの街では毎年，国際漫画祭が開催されており，2007年には，日本人としては初めて水木しげるが『のんのんばあとオレ』で最優秀賞を受賞しました．谷口ジローや鳥山明，浦沢直樹など多くの日本人漫画家がこの国際漫画祭で様々な賞を受賞しています．谷口の『孤独のグルメ』は *Le gourmet solitaire* というタイトルで，またワインを扱った亜樹直原作，オキモト・シュウ画の『神の雫』も，*Les Gouttes de Dieu* というタイトルでフランス語に翻訳され，人気を呼んでいます．

❧ EXERCICES ❧

1 日本語に合うように，（　）内の不定詞を適切な条件法現在に活用させなさい.

❶ S'il faisait beau, nous (aller) tous à la plage en ce moment.
もし晴れていたら，僕達は今頃皆でビーチへ行くのに.

❷ Je (vouloir) un verre d'eau, s'il vous plaît.　どうか水を1杯，頂きたいのですが.

❸ Si j'étais toi, je (partir) en France avec eux.
もし私がきみ（の立場）だったら，彼らと一緒にフランスへ出発するのに.

❹ (pouvoir)-tu m'appeler vers vingt heures ?　20時頃に私に電話をしてくれるかい？

❺ S'il pouvait venir avec nous, nous (être) très heureux.
もし彼が私達と一緒に来れたなら，とても嬉しいのに.

❻ Si j'avais son adresse e-mail, je lui (écrire) un message de remerciement.
もし彼女のメールアドレスを知っていたら，彼女にお礼のメッセージを書くのに.

❼ J'(aimer) me reposer un peu.　少し休みたいんだけど.

2 次の会話文を，日本語に訳しなさい.

❶ Bonjour. Je m'appelle Jules Duval.　— Moi, je m'appelle Lola Blanc. Enchantée.
→

❷ Allo ? C'est toi, Lucas ?　— Oui, bien sûr. Comment vas-tu ?
→

❸ Lucie, passe-moi le sel, s'il te plaît.　— Voilà, papa.
→

❹ J'aime les mangas.　— C'est vrai ? Moi aussi, j'adore ça !
→

❺ Mon frère n'aime pas les tomates.　— Moi non plus. Je n'aime pas beaucoup ça.
→

❻ L'été prochain, si vous avez le temps, venez chez nous à Nice.　— Merci ! Avec plaisir !
→

LEÇON 18

La cérémonie de remise du certificat
修了式

・接続法現在 / 前置詞
Le subjonctif présent / Les prépositions

112 **Conversation modèle**

*C'est le dernier jour du stage intensif. Les étudiants reçoivent leur certificat[*1].*

Mme Roger : Voilà, vous avez terminé votre stage. Mes collègues et moi, nous sommes tous très heureux d'avoir fait votre connaissance[*2], et vraiment impressionnés[*3] par la qualité de votre travail. Alors, bravo à tous ! Maintenant, je vais remettre à chaque étudiant son certificat. Venez ici quand vous entendrez votre nom. [...] Daigo Urayama. [...] Félicitations ![*4]

Daigo : Merci madame Roger.

Mme Roger : Vous avez fait d'énormes[*5] progrès !

Daigo : Merci beaucoup. Au début, j'étais vraiment nul en français ! Mais maintenant, je suis capable de[*6] faire beaucoup de choses : discuter avec des étudiants français, me débrouiller tout seul dans les magasins et même faire un exposé !

Mme Roger : En si peu de temps, c'est impressionnant ! J'espère que vous allez continuer à apprendre le français au Japon.

Daigo : Bien sûr ! Je vais encore progresser et je reviendrai bientôt en France !

*1 certificat 男 修了証
*2 fait votre connaissance > faire la connaissance de 〜 〜と知り合いになる
*3 impressionnés > impressionner 感動させる・心を打つ
*4 Félicitations ! おめでとう！
*5 énormes > énorme 大きな・著しい
*6 suis > être capable de 〜 〜できる

113 **Vocabulaire** 学修にまつわる単語・表現

☐ 単位 crédit (ECTS) 男 ☐ 科目 matière 女 ☐ 秀 très bien ☐ 優 bien ☐ 良 assez bien
☐ 可 passable ☐ 不可 échec 男 ☐ ヒアリング力 compréhension orale 女
☐ 読解力 compréhension écrite 女 ☐ コミュニケーション能力 compétence de communication 女
☐ 文化的関心（興味）curiosité culturelle 女 ☐ 研修の修了を祝う fêter la fin du stage
☐ カクテルパーティー cocktail 男 ☐ スピーチ discours 男 ☐ 集合写真 photo de groupe 女

❧ GRAMMAIRE ❧

▶ 接続法現在

主節の動詞が❶願望❷疑い❸命令❹強い感情などを表すときには，従属節（que＋主語＋動詞）の動詞が接続法になります．faire, savoir, pouvoir などの例外を除いて語幹は，je / tu / il / elle / ils / elles は直説法現在の ils の活用から -ent を除いたものを，nous / vous は直説法現在の nous の活用から -ons を除いたものを用います．語尾は avoir と être 以外はすべての動詞に共通です．

114

je –*e*	nous –*ions*
tu –*es*	vous –*iez*
il –*e*	ils –*ent*

passer（直説法現在 **ils *pass*ent**）	
que je pass*e*	que nous pass*ions*
que tu pass*es*	que vous pass*iez*
qu'il pass*e*	qu'ils pass*ent*

être	
que je *sois*	que nous *soyons*
que tu *sois*	que vous *soyez*
qu'il *soit*	qu'ils *soient*

avoir	
que j'*aie*	que nous *ayons*
que tu *aies*	que vous *ayez*
qu'il *ait*	qu'ils *aient*

❶ Je *voudrais qu'*ils *passent* des vacances inoubliables au Japon.
　彼らが日本で思い出に残るバカンスを過ごされますよう，願っています．（願望）

❷ Je *ne crois pas que* Jean *soit* vraiment malade.
　ジャンが本当に病気だと私は信じていません．（疑い）

❸ Pour vivre ici, *il faut que* tu *aies* une voiture.
　ここで暮らすには，車を所有しないといけないよ．（命令）

❹ Elle *est heureuse que* ses petits-enfants *viennent* chez elle pour Noël.
　彼女はクリスマスに，孫達が彼女の家に来てくれるのが嬉しい．（強い感情）

▶ 主な前置詞

115 ❶ **à**　　Ce livre va plaire *à* nos enfants.　　うちの子ども達はこの本を気に入ることでしょう．
　　　　　À cause du typhon, le voyage a été annulé. 台風のせいで，旅行は中止となりました．

❷ **avec**　Ça vous dit d'aller faire du ski ensemble ?　— Ah oui ! *Avec* plaisir !
　　　　　一緒にスキーをしに行くのは，どうですか？　— ああ，いいですね！喜んで！

❸ **de**　　Tu te souviens *de* notre séjour à Londres ?
　　　　　私達のロンドン滞在について，覚えている？
　　　　　Vous parlez *des* examens ?　　　　　　　きみ達は，試験のことを話しているの？

❹ **en**　　Vous venez chez nous *en* bus ?　　　　　我が家にはバスでいらっしゃいますか？
　　　　　La prochaine réunion aura lieu *en* ligne.　次回の会合は，オンライン開催です．

❺ **pour**　Nous partons *pour* l'Allemagne demain.　私達は明日ドイツに出発します．

❻ **par**　Est-ce que vous payez *par* carte ?　　　　カードでお支払いになりますか？

CONJUGAISONS

entendre (現在分詞 entendant / 過去分詞 entendu)

116

現在

j'entends	nous entendons
tu entends	vous entendez
il entend	ils entendent

単純未来

j'entendrai	nous entendrons
tu entendras	vous entendrez
il entendra	ils entendront

半過去

j'entendais	nous entendions
tu entendais	vous entendiez
il entendait	ils entendaient

複合過去

j'ai entendu	nous avons entendu
tu as entendu	vous avez entendu
il a entendu	ils ont entendu

条件法現在

j'entendrais	nous entendrions
tu entendrais	vous entendriez
il entendrait	ils entendraient

接続法現在

j'entende	nous entendions
tu entendes	vous entendiez
il entende	ils entendent

Vous m'*entendez* ?　　　私の声が聞こえますか？

Ma belle-sœur et moi, nous *nous entendons* très bien !

義理の姉と私は仲がとても良いです！

Nous n'*avons* rien *entendu*.　　私達は何も聞こえませんでした．

Civilisation　　日本でのフランス語継続学習

　フランス語の上達の近道は，毎日フランス語に触れることです．留学中であれば，テレビを見たり，ラジオを聞いたり，ホストファミリーと会話をしたりと日常的にフランス語を使う機会がありますが，留学前や留学後は，日本の生活のなかでフランス語に触れる機会は，恣意的に作り出さなければありません．最近では，ネットでフランスのニュースを聞くこともできますし，フランス語学習のためのサイトも簡単にアクセスできるようになりました．フランスのテレビ番組であるTV5MONDEでは，フランス語の学習者用にニュースをまとめ，字幕をつけたサイトを設けています．通常の番組を編集したものなので，ナレーションはとても速いですが，字幕のお陰で内容も把握し易く，また日本ではあまり情報の入ってこない，フランス海外県やフランス語圏アフリカ諸国，またヨーロッパの話題もあり，フランス語学習者にはもってこいの教材となっています．

https://apprendre.tv5monde.com/ja/exercices/7-jours-sur-la-planete

❧ EXERCICES ❧

1 （　）内の不定詞を適切な接続法現在に活用させなさい.

❶ Je voudrais que tu (profiter) de tes vacances.

❷ Il faut que je (se renseigner) au comptoir de la compagnie aérienne.

❸ Ses parents veulent qu'elle (rentrer) au Japon pour le Nouvel An.

❹ Je ne pense pas qu'il (avoir) de la fièvre.

❺ Mes parents sont contents que je (travailler) à la mairie.

❻ Il faut que je (être) chez ma tante avant 17 heures.

2 日本語に合うように，（　）内に適切な前置詞を記入しなさい.

❶ Est-ce que vous vous intéressez (　　　) la culture japonaise ?
日本文化に興味がありますか？

❷ Je suis sûr que ces boucles d'oreilles plairont (　　) Anne !
アンヌはこのイヤリングが気に入るだろうと，確信しているよ！

❸ Je voudrais payer (　　　) carte. カードで支払いたいです.

❹ Tu parles (　　　) qui ? 誰のことを話しているの？

❺ Je prendrai mes cours (　　　) ligne. オンラインで授業を受講するつもりです.

❻ Nous arriverons chez vous (　　) l'heure.
私達は時間通りにあなたのお宅に到着するでしょう.

❼ On n'a pas visité le château de Versailles (　　) cause (　　) une tempête.
嵐のため，ヴェルサイユ宮殿は訪れませんでした.

❽ Je ne me souviens plus très bien (　　) ce musée.
その美術館についてはもう，あまり良くは覚えていないんだよ.

❾ Quand partez-vous (　　) la Normandie ? いつ，ノルマンディーへ出発されるのですか？

❿ (　　) mon avis, il faut prendre une décision maintenant.
私の意見（考え）としては，今決断するべきです.

LEÇON 19

La dernière soirée
最後の夜

・中性代名詞 y と le / 疑問代名詞
Les pronoms neutres *y* et *le* / Les pronoms interrogatifs

Conversation modèle

Jun passe sa dernière soirée dans sa famille d'accueil.

M. Moreau : Jun, tu dois partir d'ici à quelle heure, demain matin ?

Jun : Madame Durand nous a dit que le rendez-vous serait à neuf heures sur le parking de l'université. Le bus viendra nous chercher.

M. Moreau : Nous te conduirons là-bas en voiture.

Jun : Merci, c'est gentil !

M. Moreau : C'est normal !

Jun : Je n'ai pas encore fini de faire ma valise[*1]. Vous savez, j'ai acheté beaucoup de choses et je crains que[*2] ça prenne trop de place. [...]

Mme Moreau : Ne t'inquiète pas, tu vas y arriver[*3]. Tiens, ça te dit que je te fasse un sandwich au comté pour le déjeuner de demain ?

Jun : Oh oui, j'adore le comté !

Mme Moreau : Oui, je sais bien. C'est pour ça que j'en ai acheté ce matin au marché.

Jun : Merci beaucoup !

*1 faire ma valise > faire *sa* valise 荷造りをする
*2 crains > craindre que 主語＋接続法〜 〜するのではないかと恐れている
*3 y arriver できる・〜するに至る．ここでは「荷造りを無事終えられる」の意.

Vocabulaire 荷造りにまつわる単語とお礼の表現

☐ お土産 cadeau 男 / souvenir 男 　☐ スーツケース valise 女 　☐ リュックサック sac à dos 男
☐ ボストンバッグ sac de voyage 男 　☐ 手荷物 bagage cabine 男 　☐ 重量制限 limite de poids 女
☐ 荷物の超過料金 frais d'excédent de bagages 男 複 　☐ 荷物を減らす alléger *ses* bagages
☐ これは感謝の気持ちを伝えるプレゼントです．Voilà un petit cadeau pour exprimer mes remerciements.

❧ GRAMMAIRE ❧

▶ 中性代名詞 y と le

7課で学習した中性代名詞 en と同様に，動詞の直前に置かれます．

119 **y**

❶ 「場所を表す前置詞＋場所」を置き換える．

Vous êtes déjà allé *à Carcassonne* ?　— Oui, j'*y* suis allé une fois, il y a deux ans.

カルカッソンヌへはすでに行かれましたか？ — はい，そこへは一度，2年前に行きました．

❷ 「à ＋名詞」を置き換える．

Il pense *aux examens* ?　— Non, il n'*y* pense pas du tout.

彼は試験のことを考えているの？ — いいえ，まったく考えていません．

120 **le**

❶ 属詞を受ける．

Mika est *contente*. Sa professeure *l'*est aussi.　ミカは満足しています．彼女の先生もそうです．

❷ que ＋主語＋動詞などの節を受ける．

Elle ne sait pas *que Pierre rentrera en France le mois prochain*.

彼女はピエールが来月フランスに帰国することを知りません．

→ Elle ne *le* sait pas.

▶ 疑問代名詞

疑問形容詞の前に定冠詞を付けた形をとるのが，疑問代名詞です．いくつかの選択肢の中から，どれであるのかを尋ねる場合に用いられます．

121

	男性	女性
単数	lequel	laquelle
複数	lesquels	lesquelles

❶ 主語を尋ねる：

Parmi ces tableaux, *lequel* vous plaît le plus ?

これらの絵画の中で，どれが一番気に入っていますか？

❷ 目的語を尋ねる：

Il faut choisir trois couleurs. *Lesquelles* choisissez-vous ?

3色を選ばなければなりません．あなたはどれを選びますか？

☐ あなた方の家で過ごせて幸せです（でした）．Je suis heureux [heureuse] d'avoir passé du temps chez vous.

☐ いつも美味しい食事を有難うございました．Merci pour tous ces délicieux repas que vous avez préparés.

☐ あなたのブイヤベース（の味）は，決して忘れません．Je n'oublierai jamais votre bouillabaisse.

☐ どうぞ，これはあなたへのプレゼントです．Tenez, c'est un cadeau pour vous.

☐ あなた方と写真を撮りたいです．Je voudrais prendre une photo avec vous.

❧ CONJUGAISONS ❧

finir （現在分詞 finissant / 過去分詞 fini）

現在

je **finis**	nous **finissons**
tu **finis**	vous **finissez**
il **finit**	ils **finissent**

単純未来

je **finirai**	nous **finirons**
tu **finiras**	vous **finirez**
il **finira**	ils **finiront**

半過去

je **finissais**	nous **finissions**
tu **finissais**	vous **finissiez**
il **finissait**	ils **finissaient**

複合過去

j'ai **fini**	nous **avons fini**
tu **as fini**	vous **avez fini**
il **a fini**	ils **ont fini**

条件法現在

je **finirais**	nous **finirions**
tu **finirais**	vous **finiriez**
il **finirait**	ils **finiraient**

接続法現在

je **finisse**	nous **finissions**
tu **finisses**	vous **finissiez**
il **finisse**	ils **finissent**

命令法

finis

finissons

finissez

Ne vous inquiétez pas. Nous *finirons* dans une heure.
心配しないで下さい．私達は1時間後には終わりますから．
Il faut qu'on *finisse* ce travail le plus vite possible.
できるだけ早くこの仕事を終えないといけません．

Civilisation　　フランスからの帰国　　

　いよいよフランス滞在の最終日です．別れが惜しい時でもありますが，デモやストライキの多いフランスでは，公共交通機関がストップしたり，大幅に遅れることも珍しくはありません．公共交通機関に遅れがでると，タクシーもなかなかつかまらなくなってしまうので，時間に余裕を持って行動し，フライト前夜にはできれば空港近くのホテルで一泊することをお勧めします．国際便が発着するパリのシャルル・ド・ゴール空港周辺には近年，新しくてモダンなホテルが建ち並び，レストランやカフェも充実していて食事にも困りません．ラウンジも広く，なかにはプールが併設されたホテルもあるため，館内で長時間快適に過ごすことができます．空港に隣接するホテルは割高ですが，少し離れた場所にあるホテルは値段もリーズナブルで，お得なプランも用意されています．

❧ EXERCICES ❧

1 次の疑問文に対する答えとなるように，[ ]内の単語を並べ替え，文頭は大文字にして，適切な文にしなさい．

❶ Savez-vous qu'une nouvelle boulangerie va bientôt ouvrir dans votre rue ?
— [le / oui / sais / je].

→ ....

❷ Tu es fatiguée ? — [ne / non / le / je / pas / suis].

→ ....

❸ Vous pensez aux prochaines vacances ? — [oui / nous / souvent / pensons / y].

→ ....

2 次の文の下線部を中性代名詞に変えて，全文を書き換えなさい．

❶ Cet après-midi, j'irai à l'hôpital pour des examens médicaux.

→ ....

❷ Il ne sait pas que vous étiez au Japon le mois dernier.

→ ....

❸ Elle a répondu à cette lettre.

→ ....

3 日本語に合うように，( )内に適切な疑問代名詞を記入しなさい．

❶ Parmi ces romans, vous voulez lire ( ) en premier ?
これらの小説のなかで，どれを最初に読みたいですか？

❷ Tu peux prendre trois parfums de glace ! Alors, tu choisis ( ) ?
アイスは3種類のフレーバーが選べるよ！それで，どれにする？

❸ Parmi les châteaux que nous avons visités le week-end dernier, ( ) t'a plu le plus ? 先週末に私達が訪れた城のなかで，どれが一番気に入った？

❹ Nous avons une bouteille de bordeaux et une bouteille de bourgogne. ( ) souhaitez-vous boire ?
私どもはボルドー（ワインのボトル）とブルゴーニュ（ワインのボトル）をそろえています，どちらをお飲みになりたいですか？

❺ Pour notre dernière journée à Paris, on a encore le temps de visiter une exposition. ( ) t'intéresse le plus ?
パリ（で過ごす）最終日に，1か所なら展覧会を訪れる時間がまだあるよ，どれが一番，興味がある？

❻ Parmi ces documentaires, tu veux regarder ( ) ce soir ?
これらのドキュメンタリーのなかで，今晩きみはどれが見たいの？

LEÇON 20

Le départ
出発

- 前未来 / 大過去
  Le futur antérieur / Le plus-que-parfait

123 **Conversation modèle**

Le jour du départ pour le Japon. Kanako dit au revoir à madame Legrand.

Kanako : Merci beaucoup pour tout ce que tu as fait pour moi. Ça a été une expérience inoubliable[*1].

Mme Legrand : Pour moi aussi. Tu me manqueras[*2] beaucoup. Allez, il faut monter dans le bus. Il va bientôt partir.

Kanako : Tiens, c'est une lettre pour toi.

Mme Legrand : Une lettre pour moi ? Oh, comme c'est gentil ! (*Madame Legrand est au bord des larmes[*3].*) Merci Kanako.

Kanako : Je reviendrai bientôt. On fera encore des gâteaux ensemble.

Mme Legrand : Oui ! Et il faut absolument que tu m'écrives de temps en temps !

Kanako : C'est promis ![*4] Je t'enverrai un message dès que[*5] je serai arrivée chez moi.

Mme Legrand : D'accord ! Et moi, je t'enverrai la recette de la mousse au chocolat que tu m'avais demandée.

*1 inoubliable 忘れることができない・忘れられない
*2 me manqueras > manquer à ～（主語がいなくて）～にとって寂しく感じられる
*3 est > être au bord des larmes 涙がこぼれそうになっている・泣き出しそうになっている
*4 C'est promis ! 約束します！・約束です！
*5 dès que ～ ～したらすぐに

124 **Vocabulaire** 帰国にまつわる単語・表現

☐ 復路便 vol retour 男　☐ 発着時刻を確認する vérifier l'heure du départ et de l'arrivée
☐ 保安検査 contrôle de sécurité 男　☐ 免税 détaxe 女　☐ 免税品 article détaxé 男
☐ 税関検査 contrôle de douane 男　☐ 税関申告 déclaration en douane 女
☐ パスポート審査 contrôle des passeports 男　☐ チェックインカウンター comptoir d'enregistrement 男
☐ 自動チェックイン機 borne d'enregistrement automatique 女　☐ 搭乗時刻 heure d'embarquement 女
☐ 乗り継ぎ待ち時間 temps de correspondance 男　☐ シートベルトを締める attacher *sa* ceinture
☐ 機内食 plateau-repas 男

❧ GRAMMAIRE ❧

▌前未来

未来のある時点で完了しているはずの行為について述べるときに，用いられます．

| **avoir/être の直説法単純未来＋過去分詞** | （助動詞が être の場合，過去分詞は主語に性・数を一致させる）

となります．

125 Nous vous téléphonerons quand nous *serons arrivés*.

到着したら，私達はあなたに電話をしますね．

▌大過去

半過去，複合過去で示された過去よりも前に行われていたことを述べるときに用いられます．しばしば déjà とともに用いられます．

| **avoir / être の半過去＋過去分詞** | （助動詞が être の場合，過去分詞は主語に性・数を一致させる）とな

ります．

126 ❶ 半過去，複合過去で表される時点よりも前に完了した行為など：

Quand je suis arrivé au guichet du musée du Louvre, mes amis *avaient* déjà *acheté* mon billet.

ルーヴル美術館の窓口に着いたとき，友人達がすでに私のチケットを購入してくれていました．

Comme la pizzeria que tu nous *avais recommandée* était fermée, nous avons mangé un sandwich.

きみが勧めてくれたピザ屋が閉まっていたので，私達はサンドイッチを食べました．

❷ 間接話法の文で，従属節で用いられる動詞の時制を一致させるとき：

Marie nous a dit qu'elle *était* déjà *allée* au Centre Pompidou.

マリーはすでにポンピドゥー・センターへ行ったと，私達に言いました．

Ma mère nous a demandé si nous *nous étions lavé* les mains.

母は僕達に手を洗ったのかと聞きました．

❸ 過去の事実に反する条件法の文で：

Si tu *avais fait* ta valise plus tôt, tu aurais été moins stressée.

もしもっと早くにきみが荷造りをしていたなら，ストレスが軽減されていただろうに．

Si je lui *avais dit* la vérité, il aurait pris une autre décision.

もし私が彼に真実を言っていたなら，彼は別の決断を下しただろうに．

❧ CONJUGAISONS ❧

écrire （現在分詞 écrivant / 過去分詞 écrit）

127

現在

j'écris	nous écrivons
tu écris	vous écrivez
il écrit	ils écrivent

単純未来

j'écrirai	nous écrirons
tu écriras	vous écrirez
il écrira	ils écriront

半過去

j'écrivais	nous écrivions
tu écrivais	vous écriviez
il écrivait	ils écrivaient

複合過去

j'ai écrit	nous avons écrit
tu as écrit	vous avez écrit
il a écrit	ils ont écrit

条件法現在

j'écrirais	nous écririons
tu écrirais	vous écririez
il écrirait	ils écriraient

接続法現在

j'écrive	nous écrivions
tu écrives	vous écriviez
il écrive	ils écrivent

命令法

écris

écrivons

écrivez

Elle *écrit* un poème.　彼女は詩を書きます.

Tu nous *écriras* quand tu seras arrivée au Japon ?

日本に着いたら，私達に手紙を書いてくれる？

Il faut qu'on *s'écrive* de temps en temps.

時々はお互い（手紙を）書かないといけませんね.

Civilisation　　帰国後　

　お疲れさまでした！フランスでの滞在を経て，ようやく日本に戻ってきました．フランス滞在中には，浴槽につかってお風呂に入れなかった人も多いことと思います．帰国直後は，疲れた身体を労い，骨休めが必要です．少し疲れがとれたら，フランスでお世話になった人達に，メールや手紙を書きましょう．また帰国後最初のクリスマス前には，クリスマスカードを送りましょう．特にホームステイをした人は，ホストファミリーへクリスマスにメッセージを送らないのは失礼にあたります．

　また，万が一盗難に遭ったり，病院で受診した人は，保険に加入していた場合は，保険会社に申請手続きをしなければなりません．あまり遅くならないよう，申告書に記入のうえ，必要書類とともに提出します．また時折，フランスからの帰国便でスーツケースが破損してしまう場合があります．物損をカバーする保険に加入していれば，スーツケースの破損にも対応してくれます．最後に，帰国後はぜひ仏検や DELF/DALF などの試験にチャレンジしてください！実力がついたことを，きっと実感できることでしょう！

❧ EXERCICES ❧

1 日本語に合うように，（　　）内の不定詞を直説法前未来に活用させなさい.

❶ Quand tu viendras à Paris l'année prochaine, nous (finir) la rénovation de notre maison.　きみが来年パリに来る頃には，私達は家のリフォームを終えていることでしょう.

❷ Quand vous reviendrez nous voir, notre fille (obtenir) son doctorat de médecine.　私達に会いにあなたが戻ってきてくれる頃には，娘は医学の博士号を取得しているでしょう.

❸ Je suis sûre qu'après trois semaines de vacances, vous (oublier) tous vos problèmes.　3週間のバカンス後には，あなたは全ての問題をお忘れになられてしまうと思います.

❹ Dans une heure, j'(préparer) toutes mes affaires.
1時間後には，自分の荷物をすべてまとめているから.

❺ Quand le colis arrivera chez mes parents, ils (partir) en vacances, je pense.
荷物が両親の家に着く頃には，彼らはバカンスに出かけてしまっていると思います.

❻ J'espère que dans vingt minutes, l'avion (décoller).
20分後には，飛行機が離陸していることを願うよ.

2 日本語に合うように，（　　）内の不定詞を直説法大過去に活用させなさい.

❶ La navette que nous (prendre) à sept heures du matin est arrivée à l'hôtel avec trois heures de retard.
私達が朝の7時に乗ったシャトルバスは，3時間遅れでホテルに到着しました.

❷ S'il (neiger) un peu plus, nous aurions pu faire du ski.
もし雪がもう少し降っていたなら，私達はスキーができたのに.

❸ Mathieu m'a dit qu'il (changer) de travail.　マチューは転職したと私に言ってましたよ.

❹ Elle n'était pas très fatiguée, parce qu'elle (dormir) dans l'avion.
飛行機のなかで眠ったので，彼女はあまり疲れていなかった.

❺ Comme il (perdre) son portefeuille, je lui ai prêté de l'argent.
彼が財布を紛失したので，お金を貸してあげました.

仏検準2級対策

　留学後に仏検準2級の合格を目指す人も多いことと思います．仏検準2級の目安となる標準学習時間は300時間以上となっています．対策をしっかり立てて臨めば，仏検準2級も難しくはありません．ぜひ，留学の成果を測るためにもチャレンジしてください！3級までは筆記試験と聞き取り試験のみですが，準2級からは1次試験が筆記試験と書き取り・聞き取り試験，2次試験が面接試験となります．

筆記試験

設問1

　設問1は，前置詞の選択問題となります．4級や3級でも，前置詞の問いが出題されていましたが，準2級では前置詞の意味から推測して解答できるような問題ばかりではなく，慣用表現で用いられる前置詞も出題されます．慣用表現を知らないと解けない問題も多くなるので，表現のバリエーションを増やして覚えていく必要があります．

設問2

　設問2は，日常会話でよく用いられる慣用表現の穴埋め問題となります．慣用表現を覚えておくだけでなく，正しい綴りで書けないといけません．普段から，会話でよく使われそうな慣用表現に出会ったときは，すぐ覚えるようにしておきましょう．また，綴りと発音の法則についても確認しながら，ライティング力も高めてゆきましょう．

設問3

　設問3で問われるのは，動詞活用の問題です．3級でも動詞を適切に活用させて筆記する問題が出題されていましたが，準2級ではさらに難易度が上がります．似たような意味を表す文を読んで，それに近い意味を表す動詞を選択肢から選び，さらに適切に活用させなければいけません．設問3が出来るか出来ないかが**合否の分かれ目**と言っても過言ではないので，活用の見直しをしておきましょう．

設問4

　設問4は会話文の選択穴埋め問題で，主に問われるのは代名詞となっています．代名詞は文字通り，代わりとなる名詞です．フランス語は同じ単語や語句を繰り返すことを避ける傾向にあるので，代名詞が頻繁に用いられます．

設問5

　設問5は長文問題で，選択穴埋め問題となっています．3つの選択肢の中から最も適切なものを選ばなければなりませんが，文意を理解できていれば比較的簡単に正解がわかります．ときどき難しい単語が使われていたりするので，文脈から推測することも求められます．

設問6

　設問6は長文読解問題です．長文の後に，長文に即したフランス語の文が出題され，長文の内容と一致するか解答します．長文では知らない単語が出てくることもありますが，難しい単語については注がつきますので心配する必要はありません．長文は一見難しいように感じられるかもしれませんが，細部にこだわらず，大意を理解することを心掛けてください．フランス語の設問文も，正答誤答にかかわらず，大きなヒントとなっていることを見逃してはいけません．内容に関わる問題が出題されているわけですから，設問文から内容理解のポイントがどこにあるのか推測することができます．

設問7

　設問7は会話文の選択穴埋め問題です．それぞれ三択になっていて，選択肢から適切な語句を選びます．穴埋めとなっている箇所の前後からでは，すぐに推測できないこともあるので，まずは全体を読んで大意を理解することが大切です．

書き取り試験

　書き取り問題では，全文が4回読まれます．最初の2回は，普通の速度で読まれます．3回目は，ポーズを取ってゆっくりと読まれます．最後にもう一度，普通の速度で読まれます．最初の2回は大意を聞き取ることに集中し，3回目でディクテをし，4回目で確認をしながら聞き取る方法が一般的です．

聞き取り試験

設問1

　設問1は穴埋め箇所の記入問題です．最初に会話文が読まれます．次に，会話に即した質問文が読まれます．この質問文に対する解答として，適切なフランス語を記入します．質問文に対する返答文は，問題文のなかに記されていますから，あらかじめここから会話の内容を漠然とですが想像することもできます．多くの場合は，会話文で読まれた単語をそのまま（　　　）内に記入すればいいので，スペルミスさえなければ全問正解も期待できます．

設問2

　設問2では，まず長文が読まれます．次に長文に即したフランス語の文が10題読まれます．10題の文の正誤を問う問題です．書き取りではないので，長文の大意と10題の文の意味が聞き取れれば，問題を解くことができます．メモをしていないと，どの文で何が問われていたのか忘れてしまうので，出来るだけメモを取りながら聞きましょう．

2次試験（面接）

　2次試験は，1次試験に合格した人だけが受験することができます．面接では最初に，3〜4行のフランス語の文章の下にイラストが描かれたカードが渡されます．文章とイラストは，似たようなテーマになっていますが，フランス語の文章がイラストのすべてをそのまま描写しているわけでは

ありません．面接委員からの質問に対して，イラストの方を見なければ答えられないこともあるので，注意しましょう．

　1分間黙読をする時間が与えられた後に，フランス語の文章を音読します．このときリエゾンなどに注意しながら，正確に発音できるよう心掛けることが大切です．

　その後，面接委員から5つの問題が口頭で出題されます．もちろんフランス語で聞かれますから，この問いに対してフランス語で答えます．最初の2問はカードに書かれた文章から出題されます．基本的にどんな試験においても，質問というのは設問文に出てきた順序で聞かれるのが鉄則ですから，最初の1問は，文章の前半に，次の2問目は1問目以降の文章から出題されると考えてよいでしょう．目星をつけておけば，誤答も少なくなります．最後の3問の質問はカードのイラストから出題されます．

　答える際には，単語のみで返答せずに，文で答えるようにしましょう．また冠詞に気をつけて解答しましょう．初めて出てくる情報であれば不定冠詞をつける必要がありますが，すでに設問文で出てきた単語であれば定冠詞にします．男性形なのか女性形なのか，単数形なのか複数形なのかにも注意します．また代名詞に置き換える場合も，男性形・女性形・単数形・複数形の違いに気をつけて，解答しましょう．

仏検準 2 級模擬試験

筆記試験

1 　次の (1) ～ (4) の (　　　　) 内に入れるのに最も適切なものを、下の①～⑥の中から 1 つずつ選び、解答欄のその番号にマークしてください。ただし、同じものを複数回用いることはできません。（配点　8）

(1)　Elle a confiance (　　　　) Marie.

(2)　Je ne suis pas sportif, mais je n'ai rien (　　　　) le sport.

(3)　Ça coûte 40 euros (　　　　) personne.

(4)　J'ai du mal (　　　　) croire à cette nouvelle.

　　　　① à　　　　　② contre　　　　③ en
　　　　④ par　　　　⑤ pour　　　　⑥ sans

2 　次のフランス語の文 (1) ～ (5) が、それぞれあたえられた日本語の文が表す意味になるように、(　　　　) 内に入れるのに最も適切な語（各 1 語）を、**示されている最初の文字**とともに、解答欄に書いてください。（配点　10）

(1)　Qu'est-ce que tu fais dans la (v　　　　) ?
　　　仕事は何をしているの？

(2)　Bon (c　　　　) !
　　　頑張って！

(3)　Nous n'avons plus de croissants aujourd'hui. Désolé ! — (T　　　　) pis !
　　　仕方がないですね！

(4)　Je vais faire de mon (m　　　　).
　　　最善を尽くします。

(5)　Ça vaut le (c　　　　).
　　　やってみる価値はあるよ。

3 次の (1) ～ (5) について、**A**、**B** がほぼ同じ意味になるように、( ) 内に入れるのに最も適切なものを、下の語群から 1 つずつ選び、必要な形にして解答欄に書いてください。ただし、同じものを複数回用いることはできません。(配点 10)

(1) **A** Nous n'avons pas pu partir à cause du mauvais temps.
   B Le mauvais temps nous ( ) de partir.

(2) **A** Ton absence me fera de la peine.
   B Tu me ( ).

(3) **A** Vous devez comprendre que vous n'avez pas d'autre solution.
   B Il faut que vous ( ) cette solution.

(4) **A** Elles sont très amies.
   B Elles ( ) très bien.

(5) **A** Je ne peux pas faire cet exercice.
   B Je n'( ) pas à faire cet exercice.

accepter / arriver / empêcher / manquer / rater / s'entendre / trouver

4 次の対話 (1) ～ (5) の (　　　　) 内に入れるのに最も適切なものを、下の ① ～ ⑦ の中から 1 つずつ選び、解答欄のその番号にマークしてください。ただし、同じものを複数回用いることはできません。なお、① ～ ⑦ では、文頭にくるものも小文字にしてあります。(配点　10)

(1) — Vous avez des informations sur votre vol ?
　　— Non, nous n'(　　　　　　　　　) avons toujours pas.

(2) — Il y avait beaucoup de monde à la gare ?
　　— Non, au contraire. Il n'y avait (　　　　　　　).

(3) — Vous pouvez choisir entre ces deux menus.
　　— Alors, je vais prendre (　　　　　　　)-ci, s'il vous plaît.

(4) — On partage l'addition ?
　　— Bonne idée ! Comme on est dix, (　　　　　　　) doit payer 10 euros.

(5) — Les tableaux du musée d'Orsay sont magnifiques !
　　— C'est vrai ! Tu préfères (　　　　　　　) ?

　　　　　① aucune　　② celui　　③ chacun　　④ en
　　　　　⑤ lesquels　　⑥ personne　　⑦ rien

5　次の文章を読み、(1) ～ (5) に入れるのに最も適切なものを、それぞれ下の①～③の中から1つずつ選び、解答欄のその番号にマークしてください。(配点　10)

　Claire, graphiste web, et son mari, ingénieur informatique, se sont installés à la campagne avec leurs deux enfants. Avant, ils habitaient en banlieue parisienne. Ils travaillaient tous les deux à Paris, mais comme c'était trop cher pour eux d'habiter (1), ils étaient obligés de passer presque trois heures par jour dans les transports. Le soir et le week-end, ils étaient trop (2) pour faire des activités avec leurs enfants, qui s'occupaient en regardant des vidéos sur leur tablette. Cette vie ne leur convenait pas, même s'ils aimaient leur métier.

　Avec la crise de la Covid-19, leur entreprise leur a (3) plusieurs fois de travailler chez eux. Au début, c'était un peu compliqué, mais ils ont vite apprécié de pouvoir passer plus de temps (4). Ils se sont ainsi décidés à acheter une jolie maison dans un village de Normandie, et ont emménagé le mois suivant. Ils n'ont pas changé d'entreprise, mais travaillent maintenant à distance toute l'année. Ce que les enfants préfèrent, c'est (5) où ils jouent tous les jours.

(1)　① à l'étranger
　　　② dans le centre-ville
　　　③ à la campagne

(2)　① difficiles
　　　② fatigués
　　　③ sérieux

(3)　① demandé
　　　② interdit
　　　③ découragé

(4)　① en famille
　　　② en Normandie
　　　③ au bureau

(5)　① le sport
　　　② les vacances
　　　③ le grand jardin

6 次の文章を読み、下の (1) ～ (6) について、文章の内容に一致する場合は解答欄の①に、一致しない場合は②にマークしてください。（配点 12）

La Covid-19 a eu des conséquences sur nos vies, mais aussi sur la langue française ! « Covid-19», c'est l'acronyme* de « coronavirus disease 2019 ». En français, les acronymes prennent généralement le genre du mot le plus important de l'ensemble. Par exemple, « SAMU », acronyme de « service d'aide médicale urgente », est masculin, parce que « service » est un nom masculin. En France, au début de la pandémie, les médias ont pris l'habitude de dire « le » Covid-19, sans doute parce qu'on pensait d'abord à « coronavirus », qui en français est un nom masculin. Il y a aussi peut-être une deuxième explication : comme en anglais les noms n'ont pas de genre, on choisit le plus souvent le masculin pour les noms empruntés à cette langue. Au Québec (province francophone du Canada), c'est le féminin qui s'est imposé très tôt, pour une raison simple : « Covid-19 » ne désigne en fait pas le virus, mais la maladie (« disease » en anglais), et « maladie » est un nom féminin. Pour cette raison, l'Académie française** a finalement pris la décision, en mai 2021, de recommander le féminin, contre l'usage déjà répandu du masculin.

*acronyme　頭字語〔各語の頭文字または初頭音節を組み合わせて
１つの単語として発音できるようにした略語〕
**Académie française　フランスの国立学術団体で、フランス語を守り、
さらなる改良を目指して辞書の編纂等を行っている。

(1) La Covid-19 n'a pas vraiment changé la vie des Français.

(2) Dans la langue française, tous les acronymes sont masculins.

(3) Les Français disent « le Covid-19 », parce qu'en anglais, c'est un mot masculin.

(4) Au Québec, depuis le début de la pandémie, on recommande l'usage du féminin pour « Covid-19 ».

(5) On a commencé à dire « la Covid-19 » en France, puis au Québec.

(6) C'est en mai 2021 que l'Académie française a recommandé l'usage du féminin pour le mot « Covid-19 ».

次の会話を読み、(1) ～ (5) に入れるのに最も適切なものを、それぞれ右のページの① ～ ③ の中から 1 つずつ選び、解答欄のその番号にマークしてください。(配点 10)

Le réceptionniste : Hôtel Mouton blanc, bonjour.

Emma : Bonjour. Je voudrais réserver des chambres pour deux nuits, le 7 et le 8 septembre.

Le réceptionniste : Je suis désolé, madame, l'hôtel est complet (1).

Emma : Mais... C'est dans presque six mois ! (2)

Le réceptionniste : La demande est très forte à cette période de l'année. Beaucoup de gens réservent un an à l'avance, dès que nous commençons (3).

Emma : Ah... Alors, est-ce qu'il vous reste des chambres libres le 24 et le 25 septembre ?

Le réceptionniste : Oui, le samedi 24 septembre et le dimanche 25 septembre, nous avons encore de la place. (4) souhaitez-vous ?

Emma : Euh... Ça dépend. Nous sommes quatre. Mon mari, moi et nos deux enfants.

Le réceptionniste : Vos enfants ont-ils plus de 10 ans ?

Emma : Oui, 12 ans et 15 ans.

Le réceptionniste : Alors, nous avons deux possibilités : une chambre familiale avec quatre lits simples, ou alors une chambre double avec un lit double et deux chambres individuelles.

Emma : La deuxième possibilité me semble bien, mais... ces chambres sont-elles (5) ?

Le réceptionniste : Oui, elles sont voisines.

Emma : Alors c'est parfait. Est-ce possible de réserver maintenant ?

Le réceptionniste : Bien sûr, madame.

(1)　① en ce moment
　　　② début septembre
　　　③ ce week-end

(2)　① Il n'y a déjà plus aucune chambre de libre ?
　　　② Alors nous viendrons en mars.
　　　③ Est-ce que c'est possible de faire une réservation ?

(3)　① à faire du tourisme
　　　② à accepter les réservations
　　　③ le marché de Noël

(4)　① Quelle date
　　　② Quel type de chambre
　　　③ Combien de personnes

(5)　① devant la mer
　　　② situées au même étage
　　　③ déjà disponibles

書き取り・聞き取り試験

書き取り試験

注意事項

フランス語の文章を、次の要領で 4 回読みます。全文を書き取ってください。

- 1 回目、2 回目は、普通の速さで全文を読みます。内容をよく理解するようにしてください。
- 3 回目は、ポーズをおきますから、その間に書き取ってください（句読点も読みます）。
- 最後に、もう 1 回普通の速さで全文を読みます。
- 読み終わってから 2 分後に、聞き取り試験に移ります。
- 数を書く場合は、算用数字で書いてかまいません。（配点　12）

［ 音声を聞く順番 ］　128 → 128 → 129 → 128

聞き取り試験

- まず、Édouard と Mireille の会話を聞いてください。
- 続いて、それについての 6 つの質問を読みます。
- もう 1 回、会話を聞いてください。
- もう 1 回、6 つの質問を読みます。1 問ごとにポーズをおきますから、その間に、答えを解答用紙の解答欄にフランス語で書いてください。
- それぞれの（　　　）内に 1 語入ります。
- 答えを書く時間は、1 問につき 10 秒です。
- 最後に、もう 1 回会話を聞いてください。
- 数を記入する場合は、算用数字で書いてください。

（メモは自由にとってかまいません）（配点　8）

［ 音声を聞く順番 ］　130 → 131 → 130 → 132 → 130

(1)　Il est rentré de Tokyo (　　　　　　) à l'heure.

(2)　Parce qu'il n'y a (　　　　　) dans son (　　　　　　) .

(3)　Il était content de la (　　　　　) japonaise.

(4)　C'est le (　　　　　) qui lui manquait au Japon.

(5)　Oui, tout (　　　　　) délicieux pour lui.

(6)　Elle n'est ni trop (　　　　　) ni (　　　　　　).

2

- まず、Juliette についての文章を 2 回聞いてください。
- 次に、その内容について述べた文 (1) ～ (10) を 2 回通して読みます。それぞれの文が文章の内容に一致する場合は解答欄の①に、一致しない場合は②にマークしてください。
- 最後に、もう 1 回文章を聞いてください。

（メモは自由にとってかまいません）（配点　10）

［ 音声を聞く順番 ］　133 → 133 → 134 → 134 → 133

2 次試験（面接）

　面接委員が、フランス語の文とイラストがある「問題カード」を渡し、黙読するように指示します。黙読の時間は 1 分間です。この時、イラストもよく見ておいてください。黙読が終わると、次に音読するように指示されます。よく聞こえるように読んでください。音読が終わると、面接委員が「問題カード」の文の内容およびイラストに関してフランス語で 5 つの質問をしますから、フランス語で答えてください。答える際に「問題カード」を見てもかまいません。

問題カード

Daniel est un bon cuisinier. Il attend le week-end avec impatience parce que tous ses enfants et ses petits-enfants vont venir chez lui. Ce dimanche, comme d'habitude, c'est lui qui préparera le repas et c'est sa femme qui s'occupera du service. Ses plats sont toujours délicieux, alors bien sûr, ses enfants et ses petits-enfants sont aussi impatients que lui.

135 （5つの質問）

ボン・セジュール！

関　未玲

Nicolas Dassonville（ニコラ・ダソンヴィル）著

中尾　浩

2025. 2. 1　初版発行

発行者　上野名保子

発行所　〒101-0062 東京都千代田区神田駿河台3の7　株式　駿河台出版社
　　　　電話 03(3291)1676　FAX 03(3291)1675　会社

製版・印刷・製本　（株）フォレスト
http://www.e-surugadai.com
ISBN978-4-411-01148-0 C1085

動 詞 活 用 表

◇ 活用表中，現在分詞と過去分詞はイタリック体，
また書体の違う活用は，とくに注意すること.

accueillir	22	écrire	40	pleuvoir	61
acheter	10	émouvoir	55	pouvoir	54
acquérir	26	employer	13	préférer	12
aimer	7	envoyer	15	prendre	29
aller	16	être	2	recevoir	52
appeler	11	être aimé(e)(s)	5	rendre	28
(s')asseoir	60	être allé(e)(s)	4	résoudre	42
avoir	1	faire	31	rire	48
avoir aimé	3	falloir	62	rompre	50
battre	46	finir	17	savoir	56
boire	41	fuir	27	sentir	19
commencer	8	(se) lever	6	suffire	34
conclure	49	lire	33	suivre	38
conduire	35	manger	9	tenir	20
connaître	43	mettre	47	vaincre	51
coudre	37	mourir	25	valoir	59
courir	24	naître	44	venir	21
craindre	30	ouvrir	23	vivre	39
croire	45	partir	18	voir	57
devoir	53	payer	14	vouloir	58
dire	32	plaire	36		

◇ 単純時称の作り方

不定法		直説法現在			接続法現在		直説法半過去	
—er　[e] —ir　[ir] —re　[r] —oir　[war]	je (j') tu il	—e　[無音] —es　[無音] —e　[無音]	—s　[無音] —s　[無音] —t　[無音]		—e　[無音] —es　[無音] —e　[無音]		—ais　[ɛ] —ais　[ɛ] —ait　[ɛ]	
現在分詞	nous vous ils	—ons　[ɔ̃] —ez　[e] —ent　[無音]			—ions　[jɔ̃] —iez　[je] —ent　[無音]		—ions　[jɔ̃] —iez　[je] —aient　[ɛ]	
—ant　[ɑ̃]								

	直説法単純未来		条件法現在	
je (j') tu il nous vous ils	—rai —ras —ra —rons —rez —ront	[re] [rɑ] [ra] [rɔ̃] [re] [rɔ̃]	—rais —rais —rait —rions —riez —raient	[rɛ] [rɛ] [rɛ] [rjɔ̃] [rje] [rɛ]

	直　説　法　単　純　過　去					
je tu il nous vous ils	—ai —as —a —âmes —âtes —èrent	[e] [ɑ] [a] [am] [at] [ɛr]	—is —is —it —îmes —îtes —irent	[i] [i] [i] [im] [it] [ir]	—us —us —ut —ûmes —ûtes —urent	[y] [y] [y] [ym] [yt] [yr]

過去分詞	—é [e], —i [i], —u [y], —s [無音], —t [無音]

① **直説法現在**の単数形は，第一群動詞では—e，—es，—e；他の動詞ではほとんど—s，—s，—t.

② **直説法現在**と**接続法現在**では，nous, vous の語幹が，他の人称の語幹と異なること（母音交替）がある.

③ **命令法**は，直説法現在の tu, nous, vous をとった形.（ただし—es → e　vas → va）

④ **接続法現在**は，多く直説法現在の 3 人称複数形から作られる. ils partent → je parte.

⑤ **直説法半過去**と**現在分詞**は，直説法現在の 1 人称複数形から作られる.

⑥ **直説法単純未来**と**条件法現在**は多く不定法から作られる. aimer → j'aimerai, finir → je finirai, rendre → je rendrai (-oir 型の語幹は不規則).

1. avoir

	直　説　法		
	現　在	半　過　去	単　純　過　去
現在分詞	j' ai	j' avais	j' eus ［y］
ayant	tu as	tu avais	tu eus
	il a	il avait	il eut
過去分詞	nous avons	nous avions	nous eûmes
eu ［y］	vous avez	vous aviez	vous eûtes
	ils ont	ils avaient	ils eurent

命　令　法	複　合　過　去	大　過　去	前　過　去
	j' ai eu	j' avais eu	j' eus eu
aie	tu as eu	tu avais eu	tu eus eu
	il a eu	il avait eu	il eut eu
ayons	nous avons eu	nous avions eu	nous eûmes eu
ayez	vous avez eu	vous aviez eu	vous eûtes eu
	ils ont eu	ils avaient eu	ils eurent eu

2. être

	直　説　法		
	現　在	半　過　去	単　純　過　去
現在分詞	je suis	j' étais	je fus
étant	tu es	tu étais	tu fus
	il est	il était	il fut
過去分詞	nous sommes	nous étions	nous fûmes
été	vous êtes	vous étiez	vous fûtes
	ils sont	ils étaient	ils furent

命　令　法	複　合　過　去	大　過　去	前　過　去
	j' ai été	j' avais été	j' eus été
sois	tu as été	tu avais été	tu eus été
	il a été	il avait été	il eut été
soyons	nous avons été	nous avions été	nous eûmes été
soyez	vous avez été	vous aviez été	vous eûtes été
	ils ont été	ils avaient été	ils eurent été

3. avoir aimé

［複合時称］

	直　説　法		
	複　合　過　去	大　過　去	前　過　去
分詞複合形	j' ai aimé	j' avais aimé	j' eus aimé
ayant aimé	tu as aimé	tu avais aimé	tu eus aimé
	il a aimé	il avait aimé	il eut aimé
命　令　法	elle a aimé	elle avait aimé	elle eut aimé
aie aimé	nous avons aimé	nous avions aimé	nous eûmes aimé
	vous avez aimé	vous aviez aimé	vous eûtes aimé
ayons aimé	ils ont aimé	ils avaient aimé	ils eurent aimé
ayez aimé	elles ont aimé	elles avaient aimé	elles eurent aimé

4. être allé(e)(s)

［複合時称］

	直　説　法		
	複　合　過　去	大　過　去	前　過　去
分詞複合形	je suis allé(e)	j' étais allé(e)	je fus allé(e)
étant allé(e)(s)	tu es allé(e)	tu étais allé(e)	tu fus allé(e)
	il est allé	il était allé	il fut allé
命　令　法	elle est allée	elle était allée	elle fut allée
sois allé(e)	nous sommes allé(e)s	nous étions allé(e)s	nous fûmes allé(e)s
	vous êtes allé(e)(s)	vous étiez allé(e)(s)	vous fûtes allé(e)(s)
soyons allé(e)s	ils sont allés	ils étaient allés	ils furent allés
soyez allé(e)(s)	elles sont allées	elles étaient allées	elles furent allées

単　純　未　来	条　件　法　現　在	接　続　法　現　在	半　過　去
j' aurai	j' aurais	j' aie	j' eusse
tu auras	tu aurais	tu aies	tu eusses
il aura	il aurait	il ait	il eût
nous aurons	nous aurions	nous ayons	nous eussions
vous aurez	vous auriez	vous ayez	vous eussiez
ils auront	ils auraient	ils aient	ils eussent

前　未　来	条件法　過　去	接続法　過　去	大　過　去
j' aurai eu	j' aurais eu	j' aie eu	j' eusse eu
tu auras eu	tu aurais eu	tu aies eu	tu eusses eu
il aura eu	il aurait eu	il ait eu	il eût eu
nous aurons eu	nous aurions eu	nous ayons eu	nous eussions eu
vous aurez eu	vous auriez eu	vous ayez eu	vous eussiez eu
ils auront eu	ils auraient eu	ils aient eu	ils eussent eu

単　純　未　来	条　件　法　現　在	接　続　法　現　在	半　過　去
je serai	je serais	je sois	je fusse
tu seras	tu serais	tu sois	tu fusses
il sera	il serait	il soit	il fût
nous serons	nous serions	nous soyons	nous fussions
vous serez	vous seriez	vous soyez	vous fussiez
ils seront	ils seraient	ils soient	ils fussent

前　未　来	条件法　過　去	接続法　過　去	大　過　去
j' aurai été	j' aurais été	j' aie été	j' eusse été
tu auras été	tu aurais été	tu aies été	tu eusses été
il aura été	il aurait été	il ait été	il eût été
nous aurons été	nous aurions été	nous ayons été	nous eussions été
vous aurez été	vous auriez été	vous ayez été	vous eussiez été
ils auront été	ils auraient été	ils aient été	ils eussent été

前　未　来	条件法　過　去	接続法　過　去	大　過　去
j' aurai aimé	j' aurais aimé	j' aie aimé	j' eusse aimé
tu auras aimé	tu aurais aimé	tu aies aimé	tu eusses aimé
il aura aimé	il aurait aimé	il ait aimé	il eût aimé
elle aura aimé	elle aurait aimé	elle ait aimé	elle eût aimé
nous aurons aimé	nous aurions aimé	nous ayons aimé	nous eussions aimé
vous aurez aimé	vous auriez aimé	vous ayez aimé	vous eussiez aimé
ils auront aimé	ils auraient aimé	ils aient aimé	ils eussent aimé
elles auront aimé	elles auraient aimé	elles aient aimé	elles eussent aimé

前　未　来	条件法　過　去	接続法　過　去	大　過　去
je serai allé(e)	je serais allé(e)	je sois allé(e)	je fusse allé(e)
tu seras allé(e)	tu serais allé(e)	tu sois allé(e)	tu fusse allé(e)
il sera allé	il serait allé	il soit allé	il fût allé
elle sera allée	elle serait allée	elle soit allée	elle fût allée
nous serons allé(e)s	nous serions allé(e)s	nous soyons allé(e)s	nous fussions allé(e)s
vous serez allé(e)(s)	vous seriez allé(e)(s)	vous soyez allé(e)(s)	vous fussiez allé(e)(s)
ils seront allés	ils seraient allés	ils soient allés	ils fussent allés
elles seront allées	elles seraient allées	elles soient allées	elles fussent allées

5. être aimé(e)(s) ［受動態］

直　説　法				接　続　法	
現　在		**複　合　過　去**		**現　在**	
je suis aimé(e)		j' ai été aimé(e)		je sois aimé(e)	
tu es aimé(e)		tu as été aimé(e)		tu sois aimé(e)	
il est aimé		il a été aimé		il soit aimé	
elle est aimée		elle a été aimée		elle soit aimée	
nous sommes aimé(e)s		nous avons été aimé(e)s		nous soyons aimé(e)s	
vous êtes aimé(e)(s)		vous avez été aimé(e)(s)		vous soyez aimé(e)(s)	
ils sont aimés		ils ont été aimés		ils soient aimés	
elles sont aimées		elles ont été aimées		elles soient aimées	
半　過　去		**大　過　去**		**過　去**	
j' étais aimé(e)		j' avais été aimé(e)		j' aie été aimé(e)	
tu étais aimé(e)		tu avais été aimé(e)		tu aies été aimé(e)	
il était aimé		il avait été aimé		il ait été aimé	
elle était aimée		elle avait été aimée		elle ait été aimée	
nous étions aimé(e)s		nous avions été aimé(e)s		nous ayons été aimé(e)s	
vous étiez aimé(e)(s)		vous aviez été aimé(e)(s)		vous ayez été aimé(e)(s)	
ils étaient aimés		ils avaient été aimés		ils aient été aimés	
elles étaient aimées		elles avaient été aimées		elles aient été aimées	
単　純　過　去		**前　過　去**		**半　過　去**	
je fus aimé(e)		j' eus été aimé(e)		je fusse aimé(e)	
tu fus aimé(e)		tu eus été aimé(e)		tu fusses aimé(e)	
il fut aimé		il eut été aimé		il fût aimé	
elle fut aimée		elle eut été aimée		elle fût aimée	
nous fûmes aimé(e)s		nous eûmes été aimé(e)s		nous fussions aimé(e)s	
vous fûtes aimé(e)(s)		vous eûtes été aimé(e)(s)		vous fussiez aimé(e)(s)	
ils furent aimés		ils eurent été aimés		ils fussent aimés	
elles furent aimées		elles eurent été aimées		elles fussent aimées	
単　純　未　来		**前　未　来**		**大　過　去**	
je serai aimé(e)		j' aurai été aimé(e)		j' eusse été aimé(e)	
tu seras aimé(e)		tu auras été aimé(e)		tu eusses été aimé(e)	
il sera aimé		il aura été aimé		il eût été aimé	
elle sera aimée		elle aura été aimée		elle eût été aimée	
nous serons aimé(e)s		nous aurons été aimé(e)s		nous eussions été aimé(e)s	
vous serez aimé(e)(s)		vous aurez été aimé(e)(s)		vous eussiez été aimé(e)(s)	
ils seront aimés		ils auront été aimés		ils eussent aimés	
elles seront aimées		elles auront été aimées		elles eussent été aimées	

条　件　法				
現　在		**過　去**		**現在分詞**
je serais aimé(e)		j' aurais été aimé(e)		étant aimé(e)(s)
tu serais aimé(e)		tu aurais été aimé(e)		
il serait aimé		il aurait été aimé		**過去分詞**
elle serait aimée		elle aurait été aimée		été aimé(e)(s)
nous serions aimé(e)s		nous aurions été aimé(e)s		
vous seriez aimé(e)(s)		vous auriez été aimé(e)(s)		**命　令　法**
ils seraient aimés		ils auraient été aimés		sois aimé(e)s
elles seraient aimées		elles auraient été aimées		soyons aimé(e)s
				soyez aimé(e)(s)

6. se lever ［代名動詞］

直　説　法							接　続　法		
現　在			複　合　過　去				現　在		
je	me	lève	je	me	suis	levé(e)	je	me	lève
tu	te	lèves	tu	t'	es	levé(e)	tu	te	lèves
il	se	lève	il	s'	est	levé	il	se	lève
elle	se	lève	elle	s'	est	levée	elle	se	lève
nous	nous	levons	nous	nous	sommes	levé(e)s	nous	nous	levions
vous	vous	levez	vous	vous	êtes	levé(e)(s)	vous	vous	leviez
ils	se	lèvent	ils	se	sont	levés	ils	se	lèvent
elles	se	lèvent	elles	se	sont	levées	elles	se	lèvent
半　過　去			大　過　去				過　去		
je	me	levais	je	m'	étais	levé(e)	je	me	sois	levé(e)
tu	te	levais	tu	t'	étais	levé(e)	tu	te	sois	levé(e)
il	se	levait	il	s'	était	levé	il	se	soit	levé
elle	se	levait	elle	s'	était	levée	elle	se	soit	levée
nous	nous	levions	nous	nous	étions	levé(e)s	nous	nous	soyons	levé(e)s
vous	vous	leviez	vous	vous	étiez	levé(e)(s)	vous	vous	soyez	levé(e)(s)
ils	se	levaient	ils	s'	étaient	levés	ils	se	soient	levés
elles	se	levaient	elles	s'	étaient	levées	elles	se	soient	levées
単　純　過　去			前　過　去				半　過　去		
je	me	levai	je	me	fus	levé(e)	je	me	levasse
tu	te	levas	tu	te	fus	levé(e)	tu	te	levasses
il	se	leva	il	se	fut	levé	il	se	levât
elle	se	leva	elle	se	fut	levée	elle	se	levât
nous	nous	levâmes	nous	nous	fûmes	levé(e)s	nous	nous	levassions
vous	vous	levâtes	vous	vous	fûtes	levé(e)(s)	vous	vous	levassiez
ils	se	levèrent	ils	se	furent	levés	ils	se	levassent
elles	se	levèrent	elles	se	furent	levées	elles	se	levassent
単　純　未　来			前　未　来				大　過　去		
je	me	lèverai	je	me	serai	levé(e)	je	me	fusse	levé(e)
tu	te	lèveras	tu	te	seras	levé(e)	tu	te	fusses	levé(e)
il	se	lèvera	il	se	sera	levé	il	se	fût	levé
elle	se	lèvera	elle	se	sera	levée	elle	se	fût	levée
nous	nous	lèverons	nous	nous	serons	levé(e)s	nous	nous	fussions	levé(e)s
vous	vous	lèverez	vous	vous	serez	levé(e)(s)	vous	vous	fussiez	levé(e)(s)
ils	se	lèveront	ils	se	seront	levés	ils	se	fussent	levés
elles	se	lèveront	elles	se	seront	levées	elles	se	fussent	levées

条　件　法							現在分詞
現　在			過　去				
je	me	lèverais	je	me	serais	levé(e)	se levant
tu	te	lèverais	tu	te	serais	levé(e)	
il	se	lèverait	il	se	serait	levé	
elle	se	lèverait	elle	se	serait	levée	命　令　法
nous	nous	lèverions	nous	nous	serions	levé(e)s	
vous	vous	lèveriez	vous	vous	seriez	levé(e)(s)	lève-toi
ils	se	lèveraient	ils	se	seraient	levés	levons-nous
elles	se	lèveraient	elles	se	seraient	levées	levez-vous

◇ se が間接補語のとき過去分詞は性・数の変化をしない.

不 定 法 現在分詞 過去分詞	直 説 法			
	現 在	半 過 去	単純過去	単純未来
7. aimer *aimant* *aimé*	j' aime tu aimes il aime n. aimons v. aimez ils aiment	j' aimais tu aimais il aimait n. aimions v. aimiez ils aimaient	j' aimai tu aimas il aima n. aimâmes v. aimâtes ils aimèrent	j' aimerai tu aimeras il aimera n. aimerons v. aimerez ils aimeront
8. commencer *commençant* *commencé*	je commence tu commences il commence n. commençons v. commencez ils commencent	je commençais tu commençais il commençait n. commencions v. commenciez ils commençaient	je commençai tu commenças il commença n. commençâmes v. commençâtes ils commencèrent	je commencerai tu commenceras il commencera n. commencerons v. commencerez ils commenceront
9. manger *mangeant* *mangé*	je mange tu manges il mange n. mangeons v. mangez ils mangent	je mangeais tu mangeais il mangeait n. mangions v. mangiez ils mangeaient	je mangeai tu mangeas il mangea n. mangeâmes v. mangeâtes ils mangèrent	je mangerai tu mangeras il mangera n. mangerons v. mangerez ils mangeront
10. acheter *achetant* *acheté*	j' achète tu achètes il achète n. achetons v. achetez ils achètent	j' achetais tu achetais il achetait n. achetions v. achetiez ils achetaient	j' achetai tu achetas il acheta n. achetâmes v. achetâtes ils achetèrent	j' achèterai tu achèteras il achètera n. achèterons v. achèterez ils achèteront
11. appeler *appelant* *appelé*	j' appelle tu appelles il appelle n. appelons v. appelez ils appellent	j' appelais tu appelais il appelait n. appelions v. appeliez ils appelaient	j' appelai tu appelas il appela n. appelâmes v. appelâtes ils appelèrent	j' appellerai tu appelleras il appellera n. appellerons v. appellerez ils appelleront
12. préférer *préférant* *préféré*	je préfère tu préfères il préfère n. préférons v. préférez ils préfèrent	je préférais tu préférais il préférait n. préférions v. préfériez ils préféraient	je préférai tu préféras il préféra n. préférâmes v. préférâtes ils préférèrent	je préférerai tu préféreras il préférera n. préférerons v. préférerez ils préféreront
13. employer *employant* *employé*	j' emploie tu emploies il emploie n. employons v. employez ils emploient	j' employais tu employais il employait n. employions v. employiez ils employaient	j' employai tu employas il employa n. employâmes v. employâtes ils employèrent	j' emploierai tu emploieras il emploiera n. emploierons v. emploierez ils emploieront

条件法	接続法		命令法	同型
現在	現在	半過去		
j' aimerais tu aimerais il aimerait n. aimerions v. aimeriez ils aimeraient	j' aime tu aimes il aime n. aimions v. aimiez ils aiment	j' aimasse tu aimasses il aimât n. aimassions v. aimassiez ils aimassent	aime aimons aimez	注語尾 -er の動詞 (除：aller, envoyer) を**第一群規則動詞**と もいう.
je commencerais tu commencerais il commencerait n. commencerions v. commenceriez ils commenceraient	je commence tu commences il commence n. commencions v. commenciez ils commencent	je commençasse tu commençasses il commençât n. commençassions v. commençassiez ils commençassent	commence commençons commencez	**avancer** **effacer** **forcer** **lancer** **placer** **prononcer** **remplacer** **renoncer**
je mangerais tu mangerais il mangerait n. mangerions v. mangeriez ils mangeraient	je mange tu manges il mange n. mangions v. mangiez ils mangent	je mangeasse tu mangeasses il mangeât n. mangeassions v. mangeassiez ils mangeassent	mange mangeons mangez	**arranger** **changer** **charger** **déranger** **engager** **manger** **obliger** **voyager**
j' achèterais tu achèterais il achèterait n. achèterions v. achèteriez ils achèteraient	j' achète tu achètes il achète n. achetions v. achetiez ils achètent	j' achetasse tu achetasses il achetât n. achetassions v. achetassiez ils achetassent	achète achetons achetez	**achever** **amener** **enlever** **lever** **mener** **peser** **(se) promener**
j' appellerais tu appellerais il appellerait n. appellerions v. appelleriez ils appelleraient	j' appelle tu appelles il appelle n. appelions v. appeliez ils appellent	j' appelasse tu appelasses il appelât n. appelassions v. appelassiez ils appelassent	appelle appelons appelez	**jeter** **rappeler** **rejeter** **renouveler**
je préférerais tu préférerais il préférerait n. préférerions v. préféreriez ils préféreraient	je préfère tu préfères il préfère n. préférions v. préfériez ils préfèrent	je préférasse tu préférasses il préférât n. préférassions v. préférassiez ils préférassent	préfère préférons préférez	**considérer** **désespérer** **espérer** **inquiéter** **pénétrer** **posséder** **répéter** **sécher**
j' emploierais tu emploierais il emploierait n. emploierions v. emploieriez ils emploieraient	j' emploie tu emploies il emploie n. employions v. employiez ils emploient	j' employasse tu employasses il employât n. employassions v. employassiez ils employassent	emploie employons employez	**-oyer**(除：**envoyer**) **-uyer** **appuyer** **ennuyer** **essuyer** **nettoyer**

不 定 法現在分詞過去分詞	直　説　法			
	現　在	半　過　去	単純過去	単純未来
14. payer *payant* *payé*	je　paye (paie) tu　payes (paies) il　paye (paie) n.　payons v.　payez ils　payent (paient)	je　payais tu　payais il　payait n.　payions v.　payiez ils　payaient	je　payai tu　payas il　paya n.　payâmes v.　payâtes ils　payèrent	je　payerai (paierai) tu　payeras (*etc. . . .*) il　payera n.　payerons v.　payerez ils　payeront
15. envoyer *envoyant* *envoyé*	j'　envoie tu　envoies il　envoie n.　envoyons v.　envoyez ils　envoient	j'　envoyais tu　envoyais il　envoyait n.　envoyions v.　envoyiez ils　envoyaient	j'　envoyai tu　envoyas il　envoya n.　envoyâmes v.　envoyâtes ils　envoyèrent	j'　**enverrai** tu　**enverras** il　**enverra** n.　**enverrons** v.　**enverrez** ils　**enverront**
16. aller *allant* *allé*	je　**vais** tu　**vas** il　**va** n.　allons v.　allez ils　**vont**	j'　allais tu　allais il　allait n.　allions v.　alliez ils　allaient	j'　allai tu　allas il　alla n.　allâmes v.　allâtes ils　allèrent	j'　**irai** tu　**iras** il　**ira** n.　**irons** v.　**irez** ils　**iront**
17. finir *finissant* *fini*	je　finis tu　finis il　finit n.　finissons v.　finissez ils　finissent	je　finissais tu　finissais il　finissait n.　finissions v.　finissiez ils　finissaient	je　finis tu　finis il　finit n.　finîmes v.　finîtes ils　finirent	je　finirai tu　finiras il　finira n.　finirons v.　finirez ils　finiront
18. partir *partant* *parti*	je　pars tu　pars il　part n.　partons v.　partez ils　partent	je　partais tu　partais il　partait n.　partions v.　partiez ils　partaient	je　partis tu　partis il　partit n.　partîmes v.　partîtes ils　partirent	je　partirai tu　partiras il　partira n.　partirons v.　partirez ils　partiront
19. sentir *sentant* *senti*	je　sens tu　sens il　sent n.　sentons v.　sentez ils　sentent	je　sentais tu　sentais il　sentait n.　sentions v.　sentiez ils　sentaient	je　sentis tu　sentis il　sentit n.　sentîmes v.　sentîtes ils　sentirent	je　sentirai tu　sentiras il　sentira n.　sentirons v.　sentirez ils　sentiront
20. tenir *tenant* *tenu*	je　tiens tu　tiens il　tient n.　tenons v.　tenez ils　tiennent	je　tenais tu　tenais il　tenait n.　tenions v.　teniez ils　tenaient	je　tins tu　tins il　tint n.　tînmes v.　tîntes ils　tinrent	je　**tiendrai** tu　**tiendras** il　**tiendra** n.　**tiendrons** v.　**tiendrez** ils　**tiendront**

条 件 法	接 続 法		命 令 法	同 型
現 在	現 在	半 過 去		
je payerais (paierais) tu payerais (etc. . . .) il payerait n. payerions v. payeriez ils payeraient	je paye (paie) tu payes (paies) il paye (paie) n. payions v. payiez ils payent (paient)	je payasse tu payasses il payât n. payassions v. payassiez ils payassent	paie (paye) payons payez	[発音] je paye [ʒəpɛj], je paie 「ʒəpɛ]; je payerai [ʒəpɛjre], je paierai 「ʒəpɛre].
j' enverrais tu enverrais il enverrait n. enverrions v. enverriez ils enverraient	j' envoie tu envoies il envoie n. envoyions v. envoyiez ils envoient	j' envoyasse tu envoyasses il envoyât n. envoyassions v. envoyassiez ils envoyassent	envoie envoyons envoyez	注未来, 条・現を除い ては, 13 と同じ. **renvoyer**
j' irais tu irais il irait n. irions v. iriez ils iraient	j' **aille** tu **ailles** il **aille** n. allions v. alliez ils **aillent**	j' allasse tu allasses il allât n. allassions v. allassiez ils allassent	**va** allons allez	注yがつくとき命令法・ 現在は vas: vas-y. 直・ 現・3 人称複数に ont の 語尾をもつものは他に ont(avoir), sont(être), font(faire)のみ.
je finirais tu finirais il finirait n. finirions v. finiriez ils finiraient	je finisse tu finisses il finisse n. finissions v. finissiez ils finissent	je finisse tu finisses il finît n. finissions v. finissiez ils finissent	finis finissons finissez	注finir 型の動詞を第 2 群規則動詞という.
je partirais tu partirais il partirait n. partirions v. partiriez ils partiraient	je parte tu partes il parte n. partions v. partiez ils partent	je partisse tu partisses il partît n. partissions v. partissiez ils partissent	pars partons partez	注助動詞は être. **sortir**
je sentirais tu sentirais il sentirait n. sentirions v. sentiriez ils sentiraient	je sente tu sentes il sente n. sentions v. sentiez ils sentent	je sentisse tu sentisses il sentît n. sentissions v. sentissiez ils sentissent	sens sentons sentez	注18と助動詞を除 けば同型.
je tiendrais tu tiendrais il tiendrait n. tiendrions v. tiendriez ils tiendraient	je tienne tu tiennes il tienne n. tenions v. teniez ils tiennent	je tinsse tu tinsses il tînt n. tinssions v. tinssiez ils tinssent	tiens tenons tenez	注**venir** 21 と同型, ただし, 助動詞は avoir.

不 定 法 現在分詞 過去分詞	直 説 法			
	現　在	半　過　去	単純過去	単純未来
21. venir *venant* *venu*	je viens tu viens il vient n. venons v. venez ils viennent	je venais tu venais il venait n. venions v. veniez ils venaient	je vins tu vins il vint n. vînmes v. vîntes ils vinrent	je **viendrai** tu **viendras** il **viendra** n. **viendrons** v. **viendrez** ils **viendront**
22. accueillir *accueillant* *accueilli*	j' **accueille** tu **accueilles** il **accueille** n. accueillons v. accueillez ils accueillent	j' accueillais tu accueillais il accueillait n. accueillions v. accueilliez ils accueillaient	j' accueillis tu accueillis il accueillit n. accueillîmes v. accueillîtes ils accueillirent	j' **accueillerai** tu **accueilleras** il **accueillera** n. **accueillerons** v. **accueillerez** ils **accueilleront**
23. ouvrir *ouvrant* *ouvert*	j' **ouvre** tu **ouvres** il **ouvre** n. ouvrons v. ouvrez ils ouvrent	j' ouvrais tu ouvrais il ouvrait n. ouvrions v. ouvriez ils ouvraient	j' ouvris tu ouvris il ouvrit n. ouvrîmes v. ouvrîtes ils ouvrirent	j' ouvrirai tu ouvriras il ouvrira n. ouvrirons v. ouvrirez ils ouvriront
24. courir *courant* *couru*	je cours tu cours il court n. courons v. courez ils courent	je courais tu courais il courait n. courions v. couriez ils couraient	je courus tu courus il courut n. courûmes v. courûtes ils coururent	je **courrai** tu **courras** il **courra** n. **courrons** v. **courrez** ils **courront**
25. mourir *mourant* *mort*	je meurs tu meurs il meurt n. mourons v. mourez ils meurent	je mourais tu mourais il mourait n. mourions v. mouriez ils mouraient	je mourus tu mourus il mourut n. mourûmes v. mourûtes ils moururent	je **mourrai** tu **mourras** il **mourra** n. **mourrons** v. **mourrez** ils **mourront**
26. acquérir *acquérant* *acquis*	j' acquiers tu acquiers il acquiert n. acquérons v. acquérez ils acquièrent	j' acquérais tu acquérais il acquérait n. acquérions v. acquériez ils acquéraient	j' acquis tu acquis il acquit n. acquîmes v. acquîtes ils acquirent	j' **acquerrai** tu **acquerras** il **acquerra** n. **acquerrons** v. **acquerrez** ils **acquerront**
27. fuir *fuyant* *fui*	je fuis tu fuis il fuit n. fuyons v. fuyez ils fuient	je fuyais tu fuyais il fuyait n. fuyions v. fuyiez ils fuyaient	je fuis tu fuis il fuit n. fuîmes v. fuîtes ils fuirent	je fuirai tu fuiras il fuira n. fuirons v. fuirez ils fuiront

条 件 法	接 続 法		命 令 法	同 型
現 在	現 在	半 過 去		
je viendrais tu viendrais il viendrait n. viendrions v. viendriez ils viendraient	je vienne tu viennes il vienne n. venions v. veniez ils viennent	je vinsse tu vinsses il vînt n. vinssions v. vinssiez ils vinssent	viens venons venez	注 助動詞は être. **devenir** **intervenir** **prévenir** **revenir** **(se) souvenir**
j' accueillerais tu accueillerais il accueillerait n. accueillerions v. accueilleriez ils accueilleraient	j' accueille tu accueilles il accueille n. accueillions v. accueilliez ils accueillent	j' accueillisse tu accueillisses il accueillît n. accueillissions v. accueillissiez ils accueillissent	**accueille** accueillons accueillez	**cueillir**
j' ouvrirais tu ouvrirais il ouvrirait n. ouvririons v. ouvririez ils ouvriraient	j' ouvre tu ouvres il ouvre n. ouvrions v. ouvriez ils ouvrent	j' ouvrisse tu ouvrisses il ouvrît n. ouvrissions v. ouvrissiez ils ouvrissent	**ouvre** ouvrons ouvrez	**couvrir** **découvrir** **offrir** **souffrir**
je courrais tu courrais il courrait n. courrions v. courriez ils courraient	je coure tu coures il coure n. courions v. couriez ils courent	je courusse tu courusses il courût n. courussions v. courussiez ils courussent	cours courons courez	**accourir**
je mourrais tu mourrais il mourrait n. mourrions v. mourriez ils mourraient	je meure tu meures il meure n. mourions v. mouriez ils meurent	je mourusse tu mourusses il mourût n. mourussions v. mourussiez ils mourussent	meurs mourons mourez	注 助動詞は être.
j' acquerrais tu acquerrais il acquerrait n. acquerrions v. acquerriez ils acquerraient	j' acquière tu acquières il acquière n. acquérions v. acquériez ils acquièrent	j' acquisse tu acquisses il acquît n. acquissions v. acquissiez ils acquissent	acquiers acquérons acquérez	**conquérir**
je fuirais tu fuirais il fuirait n. fuirions v. fuiriez ils fuiraient	je fuie tu fuies il fuie n. fuyions v. fuyiez ils fuient	je fuisse tu fuisses il fuît n. fuissions v. fuissiez ils fuissent	fuis fuyons fuyez	**s'enfuir**

不 定 法 現在分詞 過去分詞	直　説　法			
	現　在	半 過 去	単純過去	単純未来
28. rendre *rendant* *rendu*	je rends tu rends il **rend** n. rendons v. rendez ils rendent	je rendais tu rendais il rendait n. rendions v. rendiez ils rendaient	je rendis tu rendis il rendit n. rendîmes v. rendîtes ils rendirent	je rendrai tu rendras il rendra n. rendrons v. rendrez ils rendront
29. prendre *prenant* *pris*	je prends tu prends il **prend** n. prenons v. prenez ils prennent	je prenais tu prenais il prenait n. prenions v. preniez ils prenaient	je pris tu pris il prit n. prîmes v. prîtes ils prirent	je prendrai tu prendras il prendra n. prendrons v. prendrez ils prendront
30. craindre *craignant* *craint*	je crains tu crains il craint n. craignons v. craignez ils craignent	je craignais tu craignais il craignait n. craignions v. craigniez ils craignaient	je craignis tu craignis il craignit n. craignîmes v. craignîtes ils craignirent	je craindrai tu craindras il craindra n. craindrons v. craindrez ils craindront
31. faire *faisant* *fait*	je fais tu fais il fait n. faisons v. **faites** ils **font**	je faisais tu faisais il faisait n. faisions v. faisiez ils faisaient	je fis tu fis il fit n. fîmes v. fîtes ils firent	je **ferai** tu **feras** il **fera** n. **ferons** v. **ferez** ils **feront**
32. dire *disant* *dit*	je dis tu dis il dit n. disons v. **dites** ils disent	je disais tu disais il disait n. disions v. disiez ils disaient	je dis tu dis il dit n. dîmes v. dîtes ils dirent	je dirai tu diras il dira n. dirons v. direz ils diront
33. lire *lisant* *lu*	je lis tu lis il lit n. lisons v. lisez ils lisent	je lisais tu lisais il lisait n. lisions v. lisiez ils lisaient	je lus tu lus il lut n. lûmes v. lûtes ils lurent	je lirai tu liras il lira n. lirons v. lirez ils liront
34. suffire *suffisant* *suffi*	je suffis tu suffis il suffit n. suffisons v. suffisez ils suffisent	je suffisais tu suffisais il suffisait n. suffisions v. suffisiez ils suffisaient	je suffis tu suffis il suffit n. suffîmes v. suffîtes ils suffirent	je suffirai tu suffiras il suffira n. suffirons v. suffirez ils suffiront

条 件 法	接 続 法		命 令 法	同 型
現　　在	現　　在	半 過 去		
je rendrais tu rendrais il rendrait n. rendrions v. rendriez ils rendraient	je rende tu rendes il rende n. rendions v. rendiez ils rendent	je rendisse tu rendisses il rendît n. rendissions v. rendissiez ils rendissent	rends rendons rendez	**attendre** **descendre** **entendre** **pendre** **perdre** **répandre** **répondre** **vendre**
je prendrais tu prendrais il prendrait n. prendrions v. prendriez ils prendraient	je prenne tu prennes il prenne n. prenions v. preniez ils prennent	je prisse tu prisses il prît n. prissions v. prissiez ils prissent	prends prenons prenez	**apprendre** **comprendre** **entreprendre** **reprendre** **surprendre**
je craindrais tu craindrais il craindrait n. craindrions v. craindriez ils craindraient	je craigne tu craignes il craigne n. craignions v. craigniez ils craignent	je craignisse tu craignisses il craignît n. craignissions v. craignissiez ils craignissent	crains craignons craignez	**atteindre** **éteindre** **joindre** **peindre** **plaindre**
je ferais tu ferais il ferait n. ferions v. feriez ils feraient	je **fasse** tu **fasses** il **fasse** n. **fassions** v. **fassiez** ils **fassent**	je fisse tu fisses il fît n. fissions v. fissiez ils fissent	fais faisons **faites**	**défaire** **refaire** **satisfaire** 注 fais-[f(ə)z-]
je dirais tu dirais il dirait n. dirions v. diriez ils diraient	je dise tu dises il dise n. disions v. disiez ils disent	je disse tu disses il dît n. dissions v. dissiez ils dissent	dis disons **dites**	**redire**
je lirais tu lirais il lirait n. lirions v. liriez ils liraient	je lise tu lises il lise n. lisions v. lisiez ils lisent	je lusse tu lusses il lût n. lussions v. lussiez ils lussent	lis lisons lisez	**relire** **élire**
je suffirais tu suffirais il suffirait n. suffirions v. suffiriez ils suffiraient	je suffise tu suffises il suffise n. suffisions v. suffisiez ils suffisent	je suffisse tu suffisses il suffît n. suffissions v. suffissiez ils suffissent	suffis suffisons suffisez	

不 定 法 現在分詞 過去分詞	直 説 法			
	現　　在	半　過　去	単純過去	単純未来
35. conduire *conduisant* *conduit*	je conduis tu conduis il conduit n. conduisons v. conduisez ils conduisent	je conduisais tu conduisais il conduisait n. conduisions v. conduisiez ils conduisaient	je conduisis tu conduisis il conduisit n. conduisîmes v. conduisîtes ils conduisirent	je conduirai tu conduiras il conduira n. conduirons v. conduirez ils conduiront
36. plaire *plaisant* *plu*	je plais tu plais il **plaît** n. plaisons v. plaisez ils plaisent	je plaisais tu plaisais il plaisait n. plaisions v. plaisiez ils plaisaient	je plus tu plus il plut n. plûmes v. plûtes ils plurent	je plairai tu plairas il plaira n. plairons v. plairez ils plairont
37. coudre *cousant* *cousu*	je couds tu couds il coud n. cousons v. cousez ils cousent	je cousais tu cousais il cousait n. cousions v. cousiez ils cousaient	je cousis tu cousis il cousit n. cousîmes v. cousîtes ils cousirent	je coudrai tu coudras il coudra n. coudrons v. coudrez ils coudront
38. suivre *suivant* *suivi*	je suis tu suis il suit n. suivons v. suivez ils suivent	je suivais tu suivais il suivait n. suivions v. suiviez ils suivaient	je suivis tu suivis il suivit n. suivîmes v. suivîtes ils suivirent	je suivrai tu suivras il suivra n. suivrons v. suivrez ils suivront
39. vivre *vivant* *vécu*	je vis tu vis il vit n. vivons v. vivez ils vivent	je vivais tu vivais il vivait n. vivions v. viviez ils vivaient	je vécus tu vécus il vécut n. vécûmes v. vécûtes ils vécurent	je vivrai tu vivras il vivra n. vivrons v. vivrez ils vivront
40. écrire *écrivant* *écrit*	j' écris tu écris il écrit n. écrivons v. écrivez ils écrivent	j' écrivais tu écrivais il écrivait n. écrivions v. écriviez ils écrivaient	j' écrivis tu écrivis il écrivit n. écrivîmes v. écrivîtes ils écrivirent	j' écrirai tu écriras il écrira n. écrirons v. écrirez ils écriront
41. boire *buvant* *bu*	je bois tu bois il boit n. buvons v. buvez ils boivent	je buvais tu buvais il buvait n. buvions v. buviez ils buvaient	je bus tu bus il but n. bûmes v. bûtes ils burent	je boirai tu boiras il boira n. boirons v. boirez ils boiront

条 件 法	接 続 法		命 令 法	同 型
現　　　在	現　　　在	半　過　去		
je conduirais tu conduirais il conduirait n. conduirions v. conduiriez ils conduiraient	je conduise tu conduises il conduise n. conduisions v. conduisiez ils conduisent	je conduisisse tu conduisisses il conduisît n. conduisissions v. conduisissiez ils conduisissent	conduis conduisons conduisez	**construire** **cuire** **détruire** **instruire** **introduire** **produire** **traduire**
je plairais tu plairais il plairait n. plairions v. plairiez ils plairaient	je plaise tu plaises il plaise n. plaisions v. plaisiez ils plaisent	je plusse tu plusses il plût n. plussions v. plussiez ils plussent	plais plaisons plaisez	**déplaire** **(se) taire** （ただし il se tait）
je coudrais tu coudrais il coudrait n. coudrions v. coudriez ils coudraient	je couse tu couses il couse n. cousions v. cousiez ils cousent	je cousisse tu cousisses il cousît n. cousissions v. cousissiez ils cousissent	couds cousons cousez	
je suivrais tu suivrais il suivrait n. suivrions v. suivriez ils suivraient	je suive tu suives il suive n. suivions v. suiviez ils suivent	je suivisse tu suivisses il suivît n. suivissions v. suivissiez ils suivissent	suis suivons suivez	**poursuivre**
je vivrais tu vivrais il vivrait n. vivrions v. vivriez ils vivraient	je vive tu vives il vive n. vivions v. viviez ils vivent	je vécusse tu vécusses il vécût n. vécussions v. vécussiez ils vécussent	vis vivons vivez	
j' écrirais tu écrirais il écrirait n. écririons v. écririez ils écriraient	j' écrive tu écrives il écrive n. écrivions v. écriviez ils écrivent	j' écrivisse tu écrivisses il écrivît n. écrivissions v. écrivissiez ils écrivissent	écris écrivons écrivez	**décrire** **inscrire**
je boirais tu boirais il boirait n. boirions v. boiriez ils boiraient	je boive tu boives il boive n. buvions v. buviez ils boivent	je busse tu busses il bût n. bussions v. bussiez ils bussent	bois buvons buvez	

不 定 法 現在分詞 過去分詞	直 説 法			
	現　在	半 過 去	単純過去	単純未来
42. résoudre *résolvant* *résolu*	je résous tu résous il résout n. résolvons v. résolvez ils résolvent	je résolvais tu résolvais il résolvait n. résolvions v. résolviez ils résolvaient	je résolus tu résolus il résolut n. résolûmes v. résolûtes ils résolurent	je résoudrai tu résoudras il résoudra n. résoudrons v. résoudrez ils résoudront
43. connaître *connaissant* *connu*	je connais tu connais il **connaît** n. connaissons v. connaissez ils connaissent	je connaissais tu connaissais il connaissait n. connaissions v. connaissiez ils connaissaient	je connus tu connus il connut n. connûmes v. connûtes ils connurent	je connaîtrai tu connaîtras il connaîtra n. connaîtrons v. connaîtrez ils connaîtront
44. naître *naissant* *né*	je nais tu nais il **naît** n. naissons v. naissez ils naissent	je naissais tu naissais il naissait n. naissions v. naissiez ils naissaient	je naquis tu naquis il naquit n. naquîmes v. naquîtes ils naquirent	je naîtrai tu naîtras il naîtra n. naîtrons v. naîtrez ils naîtront
45. croire *croyant* *cru*	je crois tu crois il croit n. croyons v. croyez ils croient	je croyais tu croyais il croyait n. croyions v. croyiez ils croyaient	je crus tu crus il crut n. crûmes v. crûtes ils crurent	je croirai tu croiras il croira n. croirons v. croirez ils croiront
46. battre *battant* *battu*	je bats tu bats il **bat** n. battons v. battez ils battent	je battais tu battais il battait n. battions v. battiez ils battaient	je battis tu battis il battit n. battîmes v. battîtes ils battirent	je battrai tu battras il battra n. battrons v. battrez ils battront
47. mettre *mettant* *mis*	je mets tu mets il **met** n. mettons v. mettez ils mettent	je mettais tu mettais il mettait n. mettions v. mettiez ils mettaient	je mis tu mis il mit n. mîmes v. mîtes ils mirent	je mettrai tu mettras il mettra n. mettrons v. mettrez ils mettront
48. rire *riant* *ri*	je ris tu ris il rit n. rions v. riez ils rient	je riais tu riais il riait n. riions v. riiez ils riaient	je ris tu ris il rit n. rîmes v. rîtes ils rirent	je rirai tu riras il rira n. rirons v. rirez ils riront

条　件　法	接　続　法		命　令　法	同　　型
現　　在	現　　在	半　過　去		
je　résoudrais tu　résoudrais il　résoudrait n.　résoudrions v.　résoudriez ils　résoudraient	je　résolve tu　résolves il　résolve n.　résolvions v.　résolviez ils　résolvent	je　résolusse tu　résolusses il　résolût n.　résolussions v.　résolussiez ils　résolussent	résous résolvons résolvez	
je　connaîtrais tu　connaîtrais il　connaîtrait n.　connaîtrions v.　connaîtriez ils　connaîtraient	je　connaisse tu　connaisses il　connaisse n.　connaissions v.　connaissiez ils　connaissent	je　connusse tu　connusses il　connût n.　connussions v.　connussiez ils　connussent	connais connaissons connaissez	注 t の前にくるとき i→î. **apparaître** **disparaître** **paraître** **reconnaître**
je　naîtrais tu　naîtrais il　naîtrait n.　naîtrions v.　naîtriez ils　naîtraient	je　naisse tu　naisses il　naisse n.　naissions v.　naissiez ils　naissent	je　naquisse tu　naquisses il　naquît n.　naquissions v.　naquissiez ils　naquissent	nais naissons naissez	注 t の前にくるとき i→î. 助動詞はêtre.
je　croirais tu　croirais il　croirait n.　croirions v.　croiriez ils　croiraient	je　croie tu　croies il　croie n.　croyions v.　croyiez ils　croient	je　crusse tu　crusses il　crût n.　crussions v.　crussiez ils　crussent	crois croyons croyez	
je　battrais tu　battrais il　battrait n.　battrions v.　battriez ils　battraient	je　batte tu　battes il　batte n.　battions v.　battiez ils　battent	je　battisse tu　battisses il　battît n.　battissions v.　battissiez ils　battissent	bats battons battez	**abattre** **combattre**
je　mettrais tu　mettrais il　mettrait n.　mettrions v.　mettriez ils　mettraient	je　mette tu　mettes il　mette n.　mettions v.　mettiez ils　mettent	je　misse tu　misses il　mît n.　missions v.　missiez ils　missent	mets mettons mettez	**admettre** **commettre** **permettre** **promettre** **remettre**
je　rirais tu　rirais il　rirait n.　ririons v.　ririez ils　riraient	je　rie tu　ries il　rie n.　riions v.　riiez ils　rient	je　risse tu　risses il　rît n.　rissions v.　rissiez ils　rissent	ris rions riez	**sourire**

不 定 法 現在分詞 過去分詞	直　説　法			
	現　在	半　過　去	単純過去	単純未来
49. conclure *concluant* *conclu*	je conclus tu conclus il conclut n. concluons v. concluez ils concluent	je concluais tu concluais il concluait n. concluions v. concluiez ils concluaient	je conclus tu conclus il conclut n. conclûmes v. conclûtes ils conclurent	je conclurai tu concluras il conclura n. conclurons v. conclurez ils concluront
50. rompre *rompant* *rompu*	je romps tu romps il rompt n. rompons v. rompez ils rompent	je rompais tu rompais il rompait n. rompions v. rompiez ils rompaient	je rompis tu rompis il rompit n. rompîmes v. rompîtes ils rompirent	je romprai tu rompras il rompra n. romprons v. romprez ils rompront
51. vaincre *vainquant* *vaincu*	je vaincs tu vaincs il **vainc** n. vainquons v. vainquez ils vainquent	je vainquais tu vainquais il vainquait n. vainquions v. vainquiez ils vainquaient	je vainquis tu vainquis il vainquit n. vainquîmes v. vainquîtes ils vainquirent	je vaincrai tu vaincras il vaincra n. vaincrons v. vaincrez ils vaincront
52. recevoir *recevant* *reçu*	je reçois tu reçois il reçoit n. recevons v. recevez ils reçoivent	je recevais tu recevais il recevait n. recevions v. receviez ils recevaient	je reçus tu reçus il reçut n. reçûmes v. reçûtes ils reçurent	je **recevrai** tu **recevras** il **recevra** n. **recevrons** v. **recevrez** ils **recevront**
53. devoir *devant* *dû* (due, dus, dues)	je dois tu dois il doit n. devons v. devez ils doivent	je devais tu devais il devait n. devions v. deviez ils devaient	je dus tu dus il dut n. dûmes v. dûtes ils durent	je **devrai** tu **devras** il **devra** n. **devrons** v. **devrez** ils **devront**
54. pouvoir *pouvant* *pu*	je **peux (puis)** tu **peux** il peut n. pouvons v. pouvez ils peuvent	je pouvais tu pouvais il pouvait n. pouvions v. pouviez ils pouvaient	je pus tu pus il put n. pûmes v. pûtes ils purent	je **pourrai** tu **pourras** il **pourra** n. **pourrons** v. **pourrez** ils **pourront**
55. émouvoir *émouvant* *ému*	j' émeus tu émeus il émeut n. émouvons v. émouvez ils émeuvent	j' émouvais tu émouvais il émouvait n. émouvions v. émouviez ils émouvaient	j' émus tu émus il émut n. émûmes v. émûtes ils émurent	j' **émouvrai** tu **émouvras** il **émouvra** n. **émouvrons** v. **émouvrez** ils **émouvront**

条 件 法	接 続 法		命 令 法	同 型
現 在	現 在	半 過 去		
je conclurais tu conclurais il conclurait n. conclurions v. concluriez ils concluraient	je conclue tu conclues il conclue n. concluions v. concluiez ils concluent	je conclusse tu conclusses il conclût n. conclussions v. conclussiez ils conclussent	conclus concluons concluez	
je romprais tu romprais il romprait n. romprions v. rompriez ils rompraient	je rompe tu rompes il rompe n. rompions v. rompiez ils rompent	je rompisse tu rompisses il rompît n. rompissions v. rompissiez ils rompissent	romps rompons rompez	**interrompre**
je vaincrais tu vaincrais il vaincrait n. vaincrions v. vaincriez ils vaincraient	je vainque tu vainques il vainque n. vainquions v. vainquiez ils vainquent	je vainquisse tu vainquisses il vainquît n. vainquissions v. vainquissiez ils vainquissent	vaincs vainquons vainquez	**convaincre**
je recevrais tu recevrais il recevrait n. recevrions v. recevriez ils recevraient	je reçoive tu reçoives il reçoive n. recevions v. receviez ils reçoivent	je reçusse tu reçusses il reçût n. reçussions v. reçussiez ils reçussent	reçois recevons recevez	**apercevoir** **concevoir**
je devrais tu devrais il devrait n. devrions v. devriez ils devraient	je doive tu doives il doive n. devions v. deviez ils doivent	je dusse tu dusses il dût n. dussions v. dussiez ils dussent	dois devons devez	注命令法はほとんど 用いられない.
je pourrais tu pourrais il pourrait n. pourrions v. pourriez ils pourraient	je **puisse** tu **puisses** il **puisse** n. **puissions** v. **puissiez** ils **puissent**	je pusse tu pusses il pût n. pussions v. pussiez ils pussent		注命令法はない.
j' émouvrais tu émouvrais il émouvrait n. émouvrions v. émouvriez ils émouvraient	j' émeuve tu émeuves il émeuve n. émouvions v. émouviez ils émeuvent	j' émusse tu émusses il émût n. émussions v. émussiez ils émussent	émeus émouvons émouvez	**mouvoir** ただし過去分詞は mû (mue, mus, mues)

不 定 法 現在分詞 過去分詞	直 説 法			
	現 在	半 過 去	単純過去	単純未来
56. savoir *sachant* *su*	je sais tu sais il sait n. savons v. savez ils savent	je savais tu savais il savait n. savions v. saviez ils savaient	je sus tu sus il sut n. sûmes v. sûtes ils surent	je **saurai** tu **sauras** il **saura** n. **saurons** v. **saurez** ils **sauront**
57. voir *voyant* *vu*	je vois tu vois il voit n. voyons v. voyez ils voient	je voyais tu voyais il voyait n. voyions v. voyiez ils voyaient	je vis tu vis il vit n. vîmes v. vîtes ils virent	je **verrai** tu **verras** il **verra** n. **verrons** v. **verrez** ils **verront**
58. vouloir *voulant* *voulu*	je **veux** tu **veux** il veut n. voulons v. voulez ils veulent	je voulais tu voulais il voulait n. voulions v. vouliez ils voulaient	je voulus tu voulus il voulut n. voulûmes v. voulûtes ils voulurent	je **voudrai** tu **voudras** il **voudra** n. **voudrons** v. **voudrez** ils **voudront**
59. valoir *valant* *valu*	je **vaux** tu **vaux** il vaut n. valons v. valez ils valent	je valais tu valais il valait n. valions v. valiez ils valaient	je valus tu valus il valut n. valûmes v. valûtes ils valurent	je **vaudrai** tu **vaudras** il **vaudra** n. **vaudrons** v. **vaudrez** ils **vaudront**
60. s'asseoir *s'asseyant*[1] *assis*	je m'assieds[1] tu t'assieds il **s'assied** n. n. asseyons v. v. asseyez ils s'asseyent	je m'asseyais[1] tu t'asseyais il s'asseyait n. n. asseyions v. v. asseyiez ils s'asseyaient	je m'assis tu t'assis il s'assit n. n. assîmes v. v. assîtes ils s'assirent	je m'**assiérai**[1] tu t'**assiéras** il s'**assiéra** n. n. **assiérons** v. v. **assiérez** ils s'**assiéront**
s'assoyant[2]	je m'assois[2] tu t'assois il s'assoit n. n. assoyons v. v. assoyez ils s'assoient	je m'assoyais[2] tu t'assoyais il s'assoyait n. n. assoyions v. v. assoyiez ils s'assoyaient		je m'**assoirai**[2] tu t'**assoiras** il s'**assoira** n. n. **assoirons** v. v. **assoirez** ils s'**assoiront**
61. pleuvoir *pleuvant* *plu*	il pleut	il pleuvait	il plut	il **pleuvra**
62. falloir *fallu*	il faut	il fallait	il fallut	il **faudra**

22

条件法	接続法		命令法	同型
現在	現在	半過去		
je saurais tu saurais il saurait n. saurions v. sauriez ils sauraient	je **sache** tu **saches** il **sache** n. **sachions** v. **sachiez** ils **sachent**	je susse tu susses il sût n. sussions v. sussiez ils sussent	**sache** **sachons** **sachez**	
je verrais tu verrais il verrait n. verrions v. verriez ils verraient	je voie tu voies il voie n. voyions v. voyiez ils voient	je visse tu visses il vît n. vissions v. vissiez ils vissent	vois voyons voyez	**revoir**
je voudrais tu voudrais il voudrait n. voudrions v. voudriez ils voudraient	je **veuille** tu **veuilles** il **veuille** n. voulions v. vouliez ils **veuillent**	je voulusse tu voulusses il voulût n. voulussions v. voulussiez ils voulussent	**veuille** **veuillons** **veuillez**	
je vaudrais tu vaudrais il vaudrait n. vaudrions v. vaudriez ils vaudraient	je **vaille** tu **vailles** il **vaille** n. valions v. valiez ils **vaillent**	je valusse tu valusses il valût n. valussions v. valussiez ils valussent		注命令法はほとん ど用いられない.
je m'assiérais[1] tu t'assiérais il s'assiérait n. n. assiérions v. v. assiériez ils s'assiéraient	je m'asseye[1] tu t'asseyes il s'asseye n. n. asseyions v. v. asseyiez ils s'asseyent	j' m'assisse tu t'assisses il s'assît n. n. assissions v. v. assissiez ils s'assissent	assieds-toi[1] asseyons-nous asseyez-vous	注時称により2種の 活用があるが, (1)は古来の活用で, (2)は俗語調である. (1)の方が多く使われ る.
je m'assoirais[2] tu t'assoirais il s'assoirait n. n. assoirions v. v. assoiriez ils s'assoiraient	je m'assoie[2] tu t'assoies il s'assoie n. n. assoyions v. v. assoyiez ils s'assoient		assois-toi[2] assoyons-nous assoyez-vous	
il pleuvrait	il pleuve	il plût		注命令法はない.
il faudrait	il **faille**	il fallût		注命令法・現在分詞 はない.

NUMÉRAUX（数詞）

CARDINAUX（基数）	ORDINAUX（序数）	CARDINAUX	ORDINAUX
1 **un, une**	**premier**（**première**）	**90** **quatre-vingt-dix**	**quatre-vingt-dixième**
2 deux	deuxième, second（e）	91 quatre-vingt-onze	quatre-vingt-onzième
3 trois	troisième	92 quatre-vingt-douze	quatre-vingt-douzième
4 quatre	quatrième	**100** **cent**	**centième**
5 cinq	cinquième	101 cent un	cent（et）unième
6 six	sixième	102 cent deux	cent deuxième
7 sept	septième	110 cent dix	cent dixième
8 huit	huitième	120 cent vingt	cent vingtième
9 neuf	neuvième	130 cent trente	cent trentième
10 **dix**	**dixième**	140 cent quarante	cent quarantième
11 onze	onzième	150 cent cinquante	cent cinquantième
12 douze	douzième	160 cent soixante	cent soixantième
13 treize	treizième	170 cent soixante-dix	cent soixante-dixième
14 quatorze	quatorzième	180 cent quatre-vingts	cent quatre-vingtième
15 quinze	quinzième	190 cent quatre-vingt-dix	cent quatre-vingt-dixième
16 seize	seizième	**200** **deux cents**	**deux centième**
17 dix-sept	dix-septième	201 deux cent un	deux cent unième
18 dix-huit	dix-huitième	202 deux cent deux	deux cent deuxième
19 dix-neuf	dix-neuvième	**300** **trois cents**	**trois centième**
20 **vingt**	**vingtième**	301 trois cent un	trois cent unième
21 vingt et un	vingt et unième	302 trois cent deux	trois cent deuxième
22 vingt-deux	vingt-deuxième	**400** **quatre cents**	**quatre centième**
23 vingt-trois	vingt-troisième	401 quatre cent un	quatre cent unième
30 **trente**	**trentième**	402 quatre cent deux	quatre cent deuxième
31 trente et un	trente et unième	**500** **cinq cents**	**cinq centième**
32 trente-deux	trente-deuxième	501 cinq cent un	cinq cent unième
40 **quarante**	**quarantième**	502 cinq cent deux	cinq cent deuxième
41 quarante et un	quarante et unième	**600** **six cents**	**six centième**
42 quarante-deux	quarante-deuxième	601 six cent un	six cent unième
50 **cinquante**	**cinquantième**	602 six cent deux	six cent deuxième
51 cinquante et un	cinquante et unième	**700** **sept cents**	**sept centième**
52 cinquante-deux	cinquante-deuxième	701 sept cent un	sept cent unième
60 **soixante**	**soixantième**	702 sept cent deux	sept cent deuxième
61 soixante et un	soixante et unième	**800** **huit cents**	**huit centième**
62 soixante-deux	soixante-deuxième	801 huit cent un	huit cent unième
70 **soixante-dix**	**soixante-dixième**	802 huit cent deux	huit cent deuxième
71 soixante et onze	soixante et onzième	**900** **neuf cents**	**neuf centième**
72 soixante-douze	soixante-douzième	901 neuf cent un	neuf cent unième
80 **quatre-vingts**	**quatre-vingtième**	902 neuf cent deux	neuf cent deuxième
81 quatre-vingt-un	quatre-vingt-unième	**1000** **mille**	**millième**
82 quatre-vingt-deux	quatre-vingt-deuxième		

1 000 000 | **un million** | **millionième** ‖ **1 000 000 000** | **un milliard** | **milliardième**